하던 대로나 잘 하라고?

하던 대로나 잘하라고?

존 코터·홀거 래스거버 지음 | 유영만 옮김

미어캣에게 배우는
위기를 기회로 바꾸는 기술

THAT'S NOT
HOW WE DO IT
HERE!

김영사

하던 대로나 잘하라고?

1판 1쇄 발행 2017. 3. 3.
1판 3쇄 발행 2023. 9. 1.

지은이 존 코터·홀거 래스거버
옮긴이 유영만

발행인 고세규
편집 성화현 | 디자인 윤석진
발행처 김영사
등록 1979년 5월 17일 (제406-2003-036호)
주소 경기도 파주시 문발로 197(문발동) 우편번호 10881
전화 마케팅부 031)955-3100, 편집부 031)955-3250
팩스 031)955-3111

값은 뒤표지에 있습니다.
ISBN 978-89-349-7724-7 03320

독자 의견 전화 031)955-3200
홈페이지 www.gimmyoung.com 카페 cafe.naver.com/gimmyoung
페이스북 facebook.com/gybooks 이메일 bestbook@gimmyoung.com

좋은 독자가 좋은 책을 만듭니다.
김영사는 독자 여러분의 의견에 항상 귀 기울이고 있습니다.

예상하지 못한 변화가 몰고온 파장

신기하게도 독수리들은 사체 처리반(죽은 동물을 먹는 동물)에서 킬러(다른 동물을 죽이는)로 변해 버렸다. 아무도 그 이유는 모른다. 이 끔찍하고 무시무시하고 치명적인 생명체는 아마도 매트Matt의 무리를 무너뜨린 결정타가 되었을 것이다.

매트는 사람들이 귀여워하고 흥미를 가지는 자그마한 아프리카 동물, 미어캣Meerkats이다. 모든 미어캣들과 마찬가지로 매트는 자기만의 뚜렷한 개성과 기술이 있다. 그는 늘 조심성이 많았고, 일단 뭔가를 계획하면 거침없이 밀어붙였다. 하지만 타고난 성실성과 부드러운 미소, 그리고 늘 무리를 돕는 데 사용하는 기술 덕분에 무리의 인정을 받았다. 그는 삶을 즐겼고 인생의 대부분을 여유롭고 즐겁게 보냈다.

그러던 어느 날….

가뭄이 들어서 솜털이 보송보송한 그의 어린 미어캣들은 더 이상 먹이가 충분하지 않았다. 어리거나 나이가 많은 약한 미어캣들이 먹을 수 있도록 매트는 하루에 한 끼 정도를 걸렀다. 그러나 그것은 문제를 해결하는 데 작은 보탬도 되지 않았다. 포식자들의 수는 점점 더 늘어났고, 더욱이 매트가 한 번도 본 적 없는 것들이었다. 몇몇 미어캣들은 이 현상이 모두 연관성이 있다고 말했다. 비가 내리지 않아서 먹이가 줄어들었고 그로 인해 포식자들의 행동이 이상하고 종잡을 수 없게 변해 버렸다고. 하지만 누가 확신할 수 있나?

그들은 의견이 분분했다. 사기를 떨어뜨리는 이들도 있었고 새로운 해결책을 내놓은 이들도 있었다. 매트와 다른 많은 미어캣들은 몹시 낙담하는 표정이 역력했다. 문제는 날이 갈수록 심각해졌고 극히 일상적인 일을 수행하는 것도 점점 더 어려워지기 시작했다.

매트가 볼 때, 실현 가능성 있는 아이디어는 하나도 없었다. 그에게는 아주 창의적인 친구 둘이 있었다. 바로 타냐Tanya와 아고Ago. 이 둘은 좀 더 많은 먹이를 얻고 낭비를 줄이는 가능한 방법과 이전보다 빠르고 효율적으로 포식자들을 발견할 수 있는 쓸 만한 방법을 제시했다. 하지만 지금 우리가 처한 상황을 고려해보면 그건 말이 안 된다는 반응, 즉 "그건 우리가 하는 방식이 아니야"의 벽에 부딪혔다.

매트는 둘의 의견을 지지하며, 그러한 논쟁이 왜 합리적이지 않은지 다른 이들에게 보여주려 했다. 그는 한배에서 같이 태어난 미어캣들에게 자신이 최선의 방법을 알고 있다고 말했다. 그리고 가족 책임자에게도 이야기했지만 아무런 진전이 없었다.

매트는 너무나 지쳤다. 지도자들 중 하나가—일명 알파—무리의 존경을 받는 그에게 이런저런 프로젝트와 그 밖의 것을 맡아 달라고 요청했기 때문이다. 부담은 커져만 갔다. 그는 조용히 제 갈 길을 가는 타입도 아니었고, 세상을 향해 큰 소리로 화를 내는 타입도 아니었다. 하지만 이제 그는… 아주 정신 나간 한 마리의 미어캣이 되어 버렸다.

우화로 배우는 위기와 도전 그리고 재도약

이 책은 대부분의 조직이 현재 당면하고 있는 중대한 문제에 대해 다룬다. 변화의 속도는 점점 빨라지고 있다. 변화가 빨라지고 있다는 사실은 명확히 알기도 어렵고 감당하기에도 버거울 수밖에 없다. 변화가 몰고 오는 위험을 피하고 기회를 잡았지만 모두가 진정으로 원하는 바람직한 결과를 얻어내지 못할 때―어떤 사람들은 이미 그렇게 하고 있기 때문에 우리도 그럴 가능성이 있다―삶은 굉장히 피곤해지기 시작한다.

우리는 여기서 매트를 비롯해 여러 캐릭터가 등장하는 우화를 택했다. 왜냐하면 우화는 큰 그림을 보여주는 주제를 다룰 수 있고 많은 사람들에게 유용한 시사점을 제공해주기 때문이다. 더욱이 여기서 다루는 주제는 정말로 한두 사람의 전문가가 해결할 수 없는 큰 문제가 아닐 수 없다. 더 나은 결과를 얻을 수 있는 방법을 알아내기 위해서는 조직이 어떻게 성장하는지 좀 더 명확히 이해할 필요가 있다.

왜 조직은 종종 결국 과거의 성공과는 상관없이 고군분투하는가, 그리고 왜 점점 더 악화일로에 빠져드는가. 몇몇 조직은 어떤 노력을 기울였기에 다시금 성장하고, 미션을 성공적으로 수행하면서 만족할 만한 비즈니스 성과와 서비스, 부를 창출해내는지 좀 더 명확히 알아볼 필요가 있다. 체계적인 훈련과 철저한 계획, 두터운 인간적 신뢰와 비즈니스 효율성이 이런 조직변화 과정에서 어떤 역할을 하는지 알면 도움이 될 것이다. 구성원의 열정과 참여, 조직의 비전과 변화 속도, 변화에 대응하는 민첩성과 조직문화의 역할도 아울러 숙지한다면 변화 추진 과정의 역동성과 성공요인을 간파하는 데 도움이 될 것이다. 관리와 리더십 문제도 있다. 후자는 밥 먹고 사는 데 걱정 없을 정도로 널찍한 고급 사무실에서 벌어지는 몇몇 사람의 얘기가 아니다.

이 책은 보시다시피 아주 짧은 책이다. 다른 여러 책들에서 비슷한 주제를 이미 많이 다루어왔다는 것도 주지의 사실이다. 하지만 오늘날 개인과 기업의 성공요인을 분석해보면 몇몇 기본적인 사항들이 확실하게 설명할 수 없을 정도로 복잡하고 애매한 것도 사실이다. 이런 복잡함이나 애매모호함을 걷어내고 보다 분명하고 단순하게 이해할 때 우리는 21세기의 도전과 위기를 흥미진진한 도약의 기회로 전환할 수 있을 것이다. 기업과 정부, 비영리 단체는 물론 우리 자신에게 있어서 말이다.

우리는 개인과 조직의 변화 이야기에 관한 다양한 아이디어와 통찰에 대해 수십 년 동안 연구한 바를 축적하고 공유해왔다. 하지만 연구 결과를 이론적으로 논의하면 간결하고 생각할 거리를 던져주며 유용하고 재미있는 책을 쓰려는 우리의 목적에 어긋나는 관념적인 논의에 그칠 수 있다. 대신 이 책의 끝부분에서 그동안의 실증적 연구와 이야기에 대한 몇 가지 생각들을 다룰 것이다.

일단 다음에 제시된 간단한 도표를 살펴보자. 이 도표는 우리 각자가 일을 하면서 더 효율적이고 행복해지기 위해 해야 할 것뿐 아니라 조직의 성장과 쇠퇴, 그리고 다시 성장할 수 있

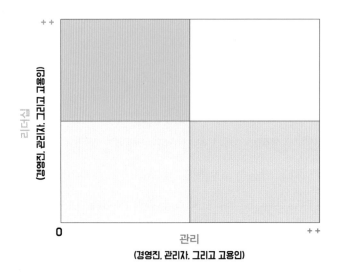

는 가능성에 대해 많은 것을 이야기해준다. 책의 끝 부분에서 우리는 이러한 점을 모두 논의할 것이다.(그리고 당신은 우화 곳곳에서 연관성을 찾을 수 있을 것이다.)

그러면, 변화에 관한 재미있는 우화를 시작해보겠다.

등장 미어캣 Meerkats 소개••

존 코터와 홀거 래스거버는《빙산이 녹고 있다고?》에서 펭귄이 머물고 있는 삶의 터전인 빙산이 녹으면서 발생하는 위기와 이에 대한 대처방안을 변화관리 모델에 따라 설명한 적이 있다. 전작에 이어 이번 우화에는 펭귄 대신에 미어캣이 등장한다. 평온했던 미어캣의 터전에 전대미문의 위기가 닥치면서 다양한 의견과 아이디어가 공유되는 과정에서 긴장과 갈등, 대화와 타협, 협상과 합의가 이루어지는 가운데 여러 가지 변화관리와 리더십이 발휘된다. 이 책을 보다 쉽게 이해할 수 있도록 우화

•• 등장 미어캣 소개와 각 장에 실린 미어캣의 변화관리 노트는 독자들의 이해를 돕기 위해 옮긴이가 추가로 작성했으며, 해제는 이 책의 내용을 보충설명하기 위해 새로 쓴 글로 옮긴이의 글을 대신한다.

에 등장하는 미어캣들의 역할과 특성을 소개한다.

강력한 비전 제시형 리더, 나디아 Nadia

모험심이 강하고 외향적이라서 활기가 넘치며 아이디어를
적극적으로 지원해주는 비전 제시형 리더 역할을 하는 미어캣
이다. 무슨 일에든 호기심이 강하고 사태의 본질을 파고들며
매사를 흥미진진하게 추진하는 과정에서 삶의 보람과 재미를
느낀다. 나디아는 한동안 머물렀던 삶의 터전에 실증을 느끼면
서 새로운 돌파구를 모색한다. 기존 방식에 안주하지 않고 언
제나 도전을 감행하고 모험을 통해 새로운 가능성을 열어 나가
는 도전적인 리더의 전형이기도 하다. 떠돌이 생활을 하다 만
난 낯선 환경에서 빠른 속도로 친화력을 발휘하고 사회성을 근
간으로 집단의 결속력을 강화시키는 큰언니 역할을 맡기도 한
다. 나디아는 떠돌이 생활을 통해서 터득한 체험적 위기 극복
방안을 다시 고향으로 돌아와 전파하면서 혁신적인 조직변화
방안을 강력하게 추진하는 카리스마 있는 리더로 변신한다.

철두철미한 관리자형 경비대 수장, 니콜라스 Nicholas

나디아의 오빠로, 미어캣을 위협하는 천적들로부터 무리

의 보호를 책임지는 경비대의 수장이다. 성실하고 철두철미하며 꼼꼼하며 분석적이고 치밀하다. 니콜라스는 잘 훈련된 생각과 철저한 계획에 근거해서 행동하는 전형적인 관리자 스타일이다. 새로운 아이디어를 기반으로 하는 과감한 혁신보다 기존 자원을 효율적으로 관리하고 통제하는 내부지향적 관리 업무에 탁월하다. 기존 관행과 규칙을 깨는 평지풍파적 발언이나 색다른 시도는 용납하지 않는다. 무엇보다도 조직의 안정과 질서, 화목과 단합에 최우선의 가치를 둔다.

색다른 모험을 즐기는 경비요원, 에이요 Ayo

너무나 경비요원이 되고 싶었던 터라 단순히 잘하는 수준을 넘어 완벽에 가까운 경지의 경비요원을 꿈꾸며 언제나 새로운 도전과 시도에 관심을 두는 미어캣 무리의 촉망받는 경비요원이다. 니콜라스가 뽑아주었지만 난생처음 높은 나무에 올라가 포식자들을 감시하는 혁신적인 방법을 구상해서 제안하는 과정에서 무참하게 묵살당하고 큰 상처를 받는다. 새로운 아이디어가 우리 방식이 아니라는 이유로 거절당하자 나디아와 함께 또 다른 꿈의 목적지를 찾아 모험을 감행하는 도전과 모험의 화신이다. 사교성은 부족하지만 집중력이 뛰어나고 남의 말을

15

잘 들어주는 경청의 달인이기도 하다.

희생정신으로 존경받는 동료애의 화신, 매트Matt

떠돌이 생활을 하다 나디아와 에이요를 만나 의기투합한 미어캣이다. 자기만의 뚜렷한 개성과 기술을 보유하고 있는 미어캣의 상징적인 존재다. 조심성이 많지만 뭔가 계획하면 거침없이 추진하는 과감한 실행자 스타일이다. 타고난 성실성과 부드러운 미소로 동료들의 궂은일에 발 벗고 나서서 도와주는 헌신적인 캐릭터로 무리의 존경을 받는 진정한 친구이다. 자신이 추진하는 일에 매우 진지한 편이며, 떠돌이 생활을 하면서 터득한 생존지혜를 갖고 있어서 동료들에게 많은 도움을 준다.

혁신적인 조직의 참여 촉진형 리더, 레나Lena

나디아와 에이요가 떠돌이 생활을 하는 과정에서 만난 새로운 미어캣 무리의 혁신적인 리더다. 구성원들의 다름과 차이를 존중하며 일방적으로 호통을 치고 명령하고 통제하기보다 사기를 북돋우고 가능성의 텃밭을 일궈내며 희망의 씨앗을 뿌린다. 잘잘못을 따지고 잘못을 지적하기보다 전체가 꿈꾸는 비전의 목적지를 제시하고 열정과 몰입으로 시련과 역경을 이겨내며 함께 비전을 달성하기 위한 리더십을 발휘한다. 어떤 의견도 무조건 반대하지 않고 일리가 있음을 인정하면서 팀원들의 참여의지를 북돋우는 파격적인 방식으로 회의를 진행하는 진정한 참여 촉진형 리더의 전형이다.

이 외에도 여러 미어캣이 등장한다. 레나가 이끌고 있는 미어캣 무리에서 구성원들의 지원으로 회의를 이끄는 리더로 활동하면서 다양한 의견을 조율해내는 화합의 달인 타무Tamu, 나디아의 변화 추진 계획에 거듭 반대하다 결국 적극적 동참과 지지로 돌아선 알파 무리와 베타 무리의 오피니언 리더 격인 모로Moro와 마라Mara, 미어캣들을 안전하게 대피시키기 위해 굴 일을 하는 주베리Zuberi, 세 번째 미어캣 무리에서 독수리의 공격에 대처하는 새로운 대피요령을 개발한 사투Satu, 먹이 공유 활동을 펼치는 알론다Alonda, 아픈 아이들에게 치유효과가 있는 인형을 들고 나타난 파노Pano…. 이들은 저마다의 위치에서 각자의 본분을 다하면서 조직 전체가 추구하는 비전과 방향대로 움직이며 힘을 실어준다.

01

난공불락의
관리법칙

아주 먼 옛날, 미어캣Meerkats이라는 굉장히 흥미로운 동물들이
무리지어 살고 있었다. 그들은 아프리카 대륙 남부의 따뜻하고
건조한 지대인 칼라하리Kalahari 사막에서 생활했다.

　언뜻 보기에 미어캣들이 자신들의 고향이라 부르는 땅덩어
리는 주위의 다른 많은 지역과 비슷해 보였다. 하지만 영리함,
성실, 활기, 그리고 약간의 행운이 더해져 그들의 조상은 색다
른 장소를 발견하게 되었다. 그들이 도착하기 전에 산불이 나
서 땅이 어느 정도 정리가 되었고 그 덕에 거의 완벽한 서식지
로 탈바꿈해 있었다. 많은 포식자들은 불을 보고 도망갔기 때

칼라하리 사막

문에 먹을 것이 풍족했다. 전갈, 바삭바삭한 곤충, 벌레, 알들, 가끔은 과일도 약간 있었다.

처음에 12마리이던 미어캣은 150마리 이상으로 불어났다. 이는 굉장한 규모로 보통 수준을 훌쩍 뛰어 넘은 것이다. 미어캣은 1년에 두서너 차례 새끼를 낳을 수 있는데 한 번에 3마리~5마리를 낳았다. 계산해보자면, 글쎄, 임신의 횟수와 한배에서 태어나는 새끼의 수에 따라 차이가 있겠지만⋯ 적절한 조건만 충족되면 미어캣은 번식력이 강해서 엄청난 속도로 그 숫자가 증가할 수 있다.

무엇보다 중요한 점은 무리가 많아질수록 생존과 성장이 제대로 작동될 수 있도록 여건을 만들어주는 것이다. 당신도 짐작하겠지만 무리가 커질수록 이들의 성장과 유지가 잘 이루어지도록 조치하는 일은 더욱 골치 아픈 일이 될 수도 있다. 그런데 미어캣 무리는 스스로를 매우 잘 관리하는 법을 배웠다. 바로 이 점이 그들의 이야기가 굉장히 흥미로운 이유 중 하나다.

지난 봄, 미어캣들은 비가 충분히 내려 먹이를 구하기가 비교적 수월했다. 힘든 순간이 없었던 것은 아니었지만 대체로 생활은 더할 나위 없이 좋았다. 저마다의 생활 반경과 영역이 있고 무리에 적합한 방식으로 일을 처리하면서 문제가 생길 때마다 한 걸음 물러나 전체적인 관점에서 해결대안을 모색해왔기 때문에 모든 것이 매우 순조로웠다.

하지만 이렇게 별다른 문제없이 굴러가던 조직이 바뀔 수도 있을까? 거의 모두가 "물론"이라고 대답할 것이다. "변화는 삶의 일부분이다. 가물 때가 있으면 장마가 들 때도 있고, 때때로 매의 보호를 받을 때가 있으면 뱀에게 위협을 받을 때도 있는 법이다. 하지만 중요한 점은 우리가 역동적인 변화를 지혜롭게 다스릴 줄 아는 데 있다. 쉽지는 않겠지만 고맙게도 우리는 그와 같은 도전들을 아주 잘 다룰 수 있는 방법을 알고 있다."

나디아.
창의적인 캐릭터

나디아Nadia는 무리 중에서도 똑똑하고 모험심이 강하며 활기가 넘친다. 성격이 외향적이고 특히 아이들을 정성껏 돌봤는데, 그녀의 이런 모습에 다른 이들도 영향을 받았다. 아이들은 그녀가 어디를 가든 졸졸 따라다니고 싶어 했

다. 대부분은 나디아도 즐거웠지만, 짐작할 수 있듯이 가끔은 귀찮기도 했다.

　나디아는 어느 날 오후 가족 책임자를 만나야 한다는 얘기를 전해 듣고 당연히 약간은 걱정이 되었다. 책임자와 1 대 1로 만난 적이 거의 없었기 때문이다. 친구들에게 그가 왜 만나자고 하는지 물어보자 한 친구가 대답하기를, 책임자는 곧 가족을 떠나 독립할 나이가 되는 어린 친구들을 돌보는 큰언니 역할로 나디아를 점찍어 두었다고 했다. 곰곰이 생각해본 나디아는 자신도 그 일을 몹시 원한다는 걸 알았다. 하지만 우선은 가족과 관련한 모든 결정을 내리는 책임자와의 인터뷰를 통과해야만 한다.

나디아는 약속시간보다 일찍 도착했다. 앉아서 기다리며 이런저런 생각을 하고 있었다.

"네가 나디아 맞니?"

가족 책임자의 목소리에 나디아는 공상에서 깨어났다. 그는 깐깐하지만 공정하기로 유명했다.

"몇 가지 질문을 하겠다. 먼저….”

그가 질문을 시작했다.

나디아는 자신의 성격을 감추고 충분히 신뢰를 보여줄 대답이 뭔지 아주 잘 알고 있었다. 그래서인지 그녀를 시험하는 이 자리를 큰 어려움 없이 그럭저럭 넘길 수 있었다. 왜냐하면 어렸을 적부터 이런 상황에서 어떻게 반응할지 웬만큼 훈련을 받아왔기 때문이다. 질문이 모두 납득이 가는 것은 아니었지만 그녀는 그 일이 하고 싶다면 무리를 운영하는 방식에 대해 철학적인 논의는 하지 말아야 한다고 생각했다.

가족 책임자는 어린 미어캣을 맡겨도 되겠다는 생각이 들자 나디아에게 의사를 물어보았다.

"아이들이 무리 속에서 어른으로 커가는 데 필요한 것들을 가르치고 스스로를 보호할 수 있는 나이가 될 때까지 돌보는 일을 도맡아서 하고 싶은 생각이 있니?"

그 시험에 통과하기 위해서 나디아는 한 치의 망설임도 없이 "네!"라고 대답했다.

그녀는 흥분된 마음으로 미팅을 끝냈지만 정직하게 말하자면 자신에게 요구되는 새로운 역할이 무엇인지 제대로 이해하지 못했다. 그래서 조금은 불안했고, 다시 한 번 솔직히 말하지만, 이 똑똑하고 활기찬 미어캣은 과연 할 수 있을지 자신이 없었다.

니콜라스,
잘 훈련되고 믿을 만한 캐릭터

니콜라스Nicholas는 나디아의 오빠로 경비대의 수장이다. 그는 성실하고 철두철미하며 꼼꼼하고 훈련이 아주 잘된 인물이다. 게다가 똑똑하고 잘생겼으며… 나디아의 여자 친구들 중 절반은 그를 짝사랑하고 있었다. 니콜라스는 동료들과 아침 브리핑을 방금 마친 참이었다. 그날의 스케줄을 살펴본 후 최근 골치 아픈 사건들이 발생했으니 모두에게 이전보다 더 조심하라고 당부했다.

한 요원은 무리 인근 나무에서 코브라를 발견했고 주위를 어슬렁거리는 자칼을 보기도 했다. 이 포식자들에게 미어캣은 아주 좋은 한 끼 식사거리다. 요원들은 코브라나 자칼 모두 새롭게 나타난 놈들임을 확신했다. 이 둘은 예사로워 보이지 않았다. 그리고 어쩌면 이보다 더 무시무시한 것일 수도 있는데, 다른 요원은 노인들이 독수리라고 말하는 생명체를 하늘에서 본 것 같다고 했다. 산불이 난 뒤 이곳에 보금자리를 마련하고 나서 독수리는 한 마리도 보이지 않았었다.

니콜라스는 나디아가 다가오는 것을 보고도 방금 들은 얘기와 뭘 해야 할지에 온통 신경이 쏠려 있었다. 그는 나디아가 면접을 본다는 것도 알았고, 당연히 시험에 통과할 거라 믿었다. 그는 여동생을 안아주었다. 나디아는 뛰어온 탓에 한참 숨을 헐떡거리다가 곧 자신이 그 일을 맡게 된 사실을 알렸다. 그런데 이내 오빠에게 근심이 생겼다는 것을 알아차렸다. 나디아가

물어보자,

"아무것도 아니야. 늘 있는 일이야."

니콜라스는 나디아를 걱정시키지 않으려고 거짓말을 했다. 하지만 나디아는 다그쳤다.

"무슨 일인데? 오빠는 경비대 수장이야. 그런데 나는 경비를 서는 걸 본 적이 없다고."

나디아는 미소를 지었고 니콜라스도 인정하며 웃을 수밖에 없었다.

"그래, 나는 경비를 서지 않지. 너도 알다시피 다른 일을 해. 정말로 더 듣고 싶은 거야?"

니콜라스는 잠시 문제에서 벗어나 있는 게 오히려 도움이 될지도 모른다고 생각하며 물었다.

"옛날엔 관심도 없는 것 같더니."

"오늘은 옛날이 아니잖아."

나디아는 특유의 다정하고 열성적인 태도로 말했다. 새로 맡은 일을 감안할 때, 지금 나누는 얘기가 도움이 될 것 같기도 했다. 그래서 둘은 자리를 잡고 앉았고, 니콜라스는 설명을 했다.

"나는 경비요원이 얼마나 필요할지 계획을 세우고 매일매일 경비 스케줄을 짜지. 몇 년 사이에 무리의 규모가 커지면서 계획과 스케줄은 아주 중요하고, 또 몇몇 초소는 뜻밖에도 무방비 상태라는 걸 알게 되었지. 그러니까 무슨 말이냐 하면….”

그는 고개를 가로저었다. 굳이 '죽은 미어캣들'이란 말을 입에 올리지 않아도 나디아는 알아들었다.

“나는 경비요원을 뽑고 훈련시켜. 적성에 맞지 않는 친구들은 다른 걸 할 수 있도록 돕지. 경비를 잘 서는 것은 기술이 필요한데, 우리는 그 기술을 익혀야 해. 아마추어 경비요원? 그건 절대 안 될 말이야.”

“나는 수년간 터득한 것을 바탕으로 요원들의 행동 절차를 정하고, 얼마나 자주, 언제, 어디서 공격을 받는지 측정해. 그러고 나서 굉장히 공격적인 목표를 세우지. 우리는 어떨 때는 필요 이상으로 일을 훌륭하게 처리하는데, 절대 바보짓은 하지 않아. 무리가 작을 때는 무슨 일이 일어나고 있는지 훤히 알 수 있었지만 지금은 아니야.”

“경비에 문제가 생겼을 때 그것을 빨리 찾아내서 분석하고 해결하는 건 내 책임이지. 내가 신속하게 움직이지 못하면….”

그런 일은 생각하기도 싫다는 표정으로 다시 고개를 저었다.

나디아는 관심 있는 척하려 애썼지만, 계획, 스케줄, 절차, 측정 이런 말들은 왠지… 지루하기만 했다. 니콜라스는 나디아가 따분해하는 것을 눈치 챘다. 그는 다음 미팅까지는 여유가 있어서 좀 더 설명을 이어갔다.

"있잖아, 우리처럼 무리가 확실히 기능하게 하려면 우선은 규율과 질서가 필요해."

그는 모래 위에 네모와 선을 그리며 말했다.

"조직을 잘 꾸리는 게 가장 중요해. 조직은 맨 위의 두 알파에서 출발하지."

모든 미어캣 무리들과 마찬가지로 조직에는 수컷 알파와 암

컷 알파가 있다.

"그들은 우리를 위해서 모든 중요한 결정을 내려. 그리고 그 아래에 베타가 있어"

또한 각각 이삼십 마리의 미어캣을 돌보는 가족 책임자 여섯과 함께 굴의 수장과 경비대 수장 니콜라스가 있다.

"베타와 우리들은 필요한 일들은 확실히 해내지. 그리고 무리 구성원들은 모두 무엇을 언제, 어떻게 할지 알고 있어."

니콜라스는 최근에 보름달이 뜰 때마다 열 번 정도 공격을 받은 것을 언급하며 굴 중 하나를 나뭇가지로 표시하면서 가늠하여 설명해주었다. 나디아는 감명을 받았다.

"적중률이 20분의 1도 안 됐지."

니콜라스의 목소리에서 약간은 자부심이 느껴졌는데 그도 그럴 것이 미어캣 무리에서 그 정도 적중률은 아주 훌륭한 수치이기 때문이다.

나디아는 익숙하지 않은 미어캣 관리 용어를 물어보았다.

"적중률이라는 게 정확히 뭐야?"

니콜라스는 고개를 끄덕였다.

"그건 말이지. 무리가 전체적으로 공격당한 숫자 대비 구성원이 포식자에게 잡히거나 심각한 부상을 입는 횟수를 의미해.

물론 우리는 그걸 낮추려고 할 수 있는 최선을 다하지. 경비요원으로서 우리가 하는 일을 측정하는 방식이기도 해."

나디아는 앉아서 이것저것 설명을 듣는 것이 썩 재미있는 건 아니지만 사랑하는 오빠에게 감탄하지 않을 수 없었다.

니콜라스는 가족 책임자 밑에 네모를 하나 더 그렸다.

"이건 네가 맡은 큰언니 자리야."

그는 웃으며 설명했다. 그리고 그 아래에 다섯 개의 네모를 더 그렸다.

"그리고 이건 네가 돌보는 아이들이고."

나디아는 이 그림을 보자마다 두 가지 생각이 들었다. 첫째, 그녀는 비록 자신이 발탁되어 그 네모를 차지했다는 것을 알지만 네모 안에 자신의 이름이 들어가 있는 게 내키지 않았다. 둘째, 아이들이 왜 이 안에 들어가 있는지도 이해가 가지 않았다.

"그런데 아이들은 일을 하지 않잖아."

나디아가 의아하다는 투로 물었다.

"틀렸어. 아이들도 일을 해. 생존하는 법을 배우는 일. 네 일은 아이들이 잘 해낼 수 있도록 가르치는 것이고."

니콜라스가 설명했다.

니콜라스는 미어캣의 시계, 즉 해와 자신의 그림자를 확인했다.

"나는 이제 다른 이들을 모으러 가야 해. 동생아, 네가 자랑스럽다."

니콜라스는 동생과 포옹을 한 뒤 자리를 떴다.

한편 니콜라스는 어릴 적부터 들어왔던 존재인 독수리를 떠올렸다. 아무도 본 적이 없기 때문에 니콜라스에게 독수리는 실재하는 생물이라기보다 어린 시절 들었던 마녀, 도깨비, 그리고 용과 같은 존재에 가까웠다.

먼저 규칙을 배워야 해. 그런 다음…

나디아는 큰언니 훈련 세션에서 뭘 배울지 확신이 없었다. 하지만 기왕에 하는 거 잘하고 싶어서 어느 정도는 배움에 대한 갈망이 있었다. 이건 분명 니콜라스에게서 배운 태도였다.

훈련장에 도착해 보니 그녀의 가족 책임자가 있었다.

"오늘 우리는 큰언니와 큰오빠들이 지켜야 하는 규칙에 대해 살펴보겠다."

책임자는 이렇게 말한 뒤 곧바로 25가지 규칙을 모두 살펴보기 시작했다.

나디아에게 규칙을 말해보라고 하자 나디아는 12가지 규칙을 대답했다.

"시작치고 나쁘지 않은걸."

책임자는 특유의 무뚝뚝한 말투로 말했다. 하지만 내심 새로운 학생이 대견했다.

나머지 오전 시간 동안 나디아가 전부 기억할 때까지 내용을 앞뒤로 훑어보았다.

"5번 규칙은 뭐지?"

책임자가 물었다.

"절대 아이들을 혼자 두지 마라!"

"좋아. 14번 규칙은 뭐지?"

"매일 모래 샤워로 하루를 시작하고 마무리하라."

"좋아."

"오늘은 이걸로 됐다."

책임자가 교육을 마쳤다. 나디아는 불쑥 질문을 했다.

"'6번, 모든 아이들을 똑같이 대하라'에서요. 왜 그래야 하는 거죠?"

책임자는 돌아가려던 참이라 일어서며 대답했다.

"그렇게 해야 가장 좋은 결과를 얻을 수 있기 때문이지. 짬이 나면 다음에 설명해주마. 내일도 같은 시간에 보자. 그럼 들어가거라."

나머지 훈련도 첫날과 비슷했다. 그런데 창의적이고 모험심이 강한 나디아에게는 굉장히 힘든 시간이었다. 나디아가 가끔씩 왜 그런지 물어볼 때면, 대답은 놀라우리만치 한결같았다.

"왜냐하면 경험은 가장 좋은 결과를 가져오기 때문이야!"

나디아도 그 대답이 맞다는 걸 알지만 완전히 마음에 차지는 않았다.

나디아가 실수 없이 모든 규칙을 정확히 기억할 수 있게 된 후, 그녀는 약간 기대하며 훈련이 끝난 것인지 물어보았다. 그런데 "아니" 하고 짧고 단호한 대답만이 돌아왔다.

"그동안은 그저 규칙에 대해서 살펴봤을 뿐이야. 이제 절차를 배우고 훈련할 차례야."

선생님은 나디아가 힘들어하는 것을 눈치 채고 설명했다.

"규칙은 우리에게 그저 무엇을 해야 하는지만 알려줄 뿐, 그 방법을 일러주는 건 아니야. 이제 대부분의 규칙에 대해 최선의 방법으로 어떻게 수행할지 배울 거란다."

그의 말투에서 그가 그 규칙과 절차를 아내 다음으로 사랑한다는 걸 알 수 있었다.

나디아는 숨을 깊게 들이마시고는 마지못해 고개를 끄덕였다. 책임자는 그걸 보더니 오른발로 딱딱하고 마른 땅을 찼다. 처음으로 자신의 학생에게 약간 짜증이 났던 모양이다.

"좋아. 그럼, 14번 규칙은 뭐지?"

그는 한숨을 쉬며 물었다.

"매일 모래 샤워로 하루를 시작하고 마무리하라!"

나디아는 질문이 떨어지기가 무섭게 대답했다.

"좋아, 그렇다면 모래 샤워는 어떻게 하지?"

"글쎄요, 저는⋯."

나디아는 잠시 생각한 다음 자신이 아이들에게 샤워를 시키는 방식을 떠올리며 대답했다.

책임자는 나디아의 말을 가로막았다.

"거의 비슷해, 하지만 정확히 말하자면 모래 샤워를 하는 가장 좋은 방법은 아니야. 내가 설명해주지. 우선은⋯."

그리고 그는 경험을 통해 가장 좋은 방법을 알게 되었고 그래서, 그렇게 하게 된 것이라는 말도 잊지 않았다.

책임자는 장황하게 설명을 늘어놓은 뒤 제대로 알아들었는

지 물었다 "확실히 이해했습니다!"라는 말을 기대했고 나디아
도 그렇게 대답했다.

"만약에 제게 샤워하는 방법을 개선할 수 있는 아이디어가
있다면 시도해봐도 될까요?"

나디아가 물었다.

"그건 안 돼."

책임자는 조심스럽게 말했다.

"큰언니와 큰오빠가 지켜야 할 규칙과 절차가 있어."

그때 책임자는 나디아에게 그 말이 고리타분하고 거추장스럽게 들린다는 걸 알았다.

"그들은 매달 규칙과 절차를 검토하기 위해 만나. 그리고 그것들을 개선하기 위해 아이디어와 의견을 나누지. 개선은 이롭고 필요한 것임에는 틀림없어! 하지만… 너는 여러 이유로 '아이들에게 더 낫다고 생각하는 것은 무엇이든 해보라'고 해서는 안 돼."

나디아는 잠자코 있었다.

가족 책임자는 다시 발로 땅을 탁탁 차며 말을 이었다.

"이 점을 생각해야지. 네가 더 낫다고 여기는 뭔가를 시도했을 때 아이들 중 한 명이 다친다면 어떻게 할 것인지 말이야."

그는 눈썹을 치켜 올렸다.

"얼마든지 일어날 수도 있는 일이지."

나디아도 물론 잘못해서 아이를 다치게 할까 봐 두려웠다.

"오늘은 그만 하고, 내일 보자."

책임자는 혼란스러워하는 나디아를 남겨둔 채 돌아갔다.

다행히 나디아는 발전하고 있으며 이 모든 규칙과 절차와 가장 좋은 훈련법을 확실히 쉽게 익히고 있었다. 하지만 마음속에서는 반발심이 올라오고 있었다. 나디아는 새로운 역할에 품었던 열정이 100점에서 80점, 60점으로 점점 떨어지고 있음을 느꼈고, 40점이 되기 전에 니콜라스와 다시 이야기해봐야겠다는 생각을 했다.

니콜라스와 나디아는 나디아가 네모, 계획, 측정, 규칙, 절차와 같은 것들이 대체 왜 필요한지 의문을 품기 전에 한두 번 더 대화를 나눴다. 니콜라스는 거들먹거리지 않고 애정을 듬뿍 담아서 미소를 지었다. 그리고 무리에서 생활은 어떤지 물어보는 걸로 말문을 열었지만 이런 질문은 대화를 멈추게 하기 일쑤였다. 왜냐하면 대개는 아주 좋다는 대답만 하기 때문이다. 그래서 무리가 번영하면, 니콜라스가 '미어캣-관리'라 부르는 것이 정말로 유용하고 필요할지도 모르겠다.

"네가 맡은 아이들과는 어떻게 되어 가고 있어?"

니콜라스는 나디아를 바라보았지만 어떤 대답을 듣고자 한 것은 아니었다.

"규칙들이 마음에 들지 않는구나?"

그가 물었다.

"나도 그것들이 필요하다는 건 알아. 나는 바보가 아니라고. 그런데 아이들은 그래 보여."

나디아는 잠시 적절한 말을 찾고 있었다.

"통제만 할 뿐이야! 도대체 함께 놀고 도전하고 새로운 것을 배우는 즐겁고 흥미로운 것들은 왜 없냐고?"

니콜라스는 잠시 생각하더니 말을 이었다.

"때로는 즐거움과 창의력보다 더 중요한 게 있어, 나디아. 이 규칙과 절차들은 너와 무리가 가장 관심을 가지는 일을 성취하도록 너를 도와줄 거야."

니콜라스는 일부러 말을 끊었다가 다시 이었다.

"네 아이들을 가르치고 생존하게 돕고, 험한 세상에서 헤쳐 나가도록 준비시키려면 말이야."

저녁이 되자 나디아의 머리는 맑아졌다. 그녀는 자기가 맡은 새로운 일을 잘해내고 싶었다. 아니, 사실은 아주 잘하고 싶었다. 그리고 규칙, 절차… 그 외에도 필요하다면 모든 것들을 받아들이리라 마음먹었다.

선생님은 다음날 이런 변화를 바로 알아차렸다. 나디아는 더 이상 이유를 캐묻지 않았고, 그 대신에 들은 바를 이전의 그 어떤 훈련생보다도 빨리, 그리고 훌륭하게 암기하고 연습했다.

며칠 후, 가족 책임자는 알파에게 나디아가 곧 새 역할을 수행할 준비를 갖출 것이라 보고했다.

한편, 나디아는 이제 새로운 시각으로 무리를 바라보기 시작했다. 미어캣들이 굴을 청소하고 새 길을 파고, 경비를 서고, 아이들을 먹이고, 모임 장소를 깨끗하게 유지하고, 사냥하고, 아프거나 다친 미어캣들을 돌보고, 자잘한 싸움을 해결하는 모습들을 좀 더 자세히 관찰했다. 나디아는 그동안 살아오면서 무리가 커지고 일이 점점 더 복잡해질 때에도 이런 것들을 그저 당연한 것으로 여겼지만, 이제는 이 모든 것들이 매일, 매주 아주 잘 돌아가는 게 실로 놀랍다는 생각이 들었다. 그녀는 비로소 오빠가 한 말을 이해할 수 있었다. 계획, 선, 네모, 절차, 그리고 관리라고 부르는 것들 덕에 모두 가능하다는 사실을. 이런 이유로 니콜라스가 그렇게 말한 것이리라. 이 말이 맞다면―그리고 그녀가 적어도 그것이 맞다고 믿기 시작한다면 ―관리는 실제로 굉장히 놀라운 것이다. 아니면 적어도 그럴 가능성이 있는 것이다.

그럼에도 창의적인 나디아는 뭔가 잘못됐거나 놓친 건 없는지 의문을 품었다.

미어캣의 변화관리 노트 1

1. 여러분이 몸담고 있는 조직에서 니콜라스와 나디아 같은 역할을 담당하는 사람이 있는가? 만약 있다면 그들이 일상적으로 반복하는 일이 무엇인지 육하원칙에 따라 구체적으로 적어보자. 두 사람이 업무 스타일이나 선호하는 가치관의 차이로 발생할 수 있는 갈등과 긴장, 또는 문제가 있다면 어떤 상태로 표면화될 수 있는지 생각해본다.

2. 니콜라스 같은 관리자가 기존 자원을 효율적으로 통제하고 조정해서 주어진 목표 달성에 매진하도록 지시하고 명령하는 일에만 관심을 갖고 있다면 어떤 문제가 발생할 수 있을지 여러분의 조직에서 경험한 사례를 토대로 논의해본다.

3. 자신을 비롯해 여러분의 조직에서 가장 강조해서 자주 사용하고 있는 단어는 무엇인가? 계획, 스케줄, 절차, 규칙이나 규율, 통제, 조정, 질서, 조화, 화합, 창조, 도전, 변화, 혁신, 열정, 재미, 의미 등과 같은 단어 중에서 기존 자원의 유지와 관리에 초점을 두는 단어와 변화와 혁신을 강조하는 단어가 있다. 과연 여러분의 조직은 어떤 면을 상대적으로 강조하

는지 일상적으로 사용하는 단어에 비추어 생각해본다.

4. 시대가 바뀌고 경영 환경이 과거와 다르게 변화되고 있다면 난공불락처
   럼 여겨지는 전통이나 관례, 규칙이나 절차, 제도나 시스템도 더불어서
   변화되어야 한다. 그런데 과거부터 지켜져왔고, 한 번도 예외적인 사례
   가 없었다는 이유로 여러분의 조직에서 여전히 난공불락처럼 여겨지는
   철칙은 없는가? 여러분의 조직에서 신성시하는 다양한 관례나 관습, 규
   율이나 규칙, 절차나 제도, 문화적 전통이나 시스템을 열거해보고 어떻
   게 바뀌어야 하는지 토론해본다.

02

생각하지도
못한 위기

나디아는 가족 그룹으로 돌아오는 길에 경보음을 들었다. 본능
적으로 사방을 둘러보았지만 아무것도… 없었다. 그런데 머리
위로 그림자가 드리워진 것 같아 위를 올려다보았다.

커다랗고 흉측하게 생긴 생명체가 하늘에서 굉장히 빠른 속
도로 날고 있었다. 그때 근처에는 두 명의 아이들이 나비와 놀
면서 게임에 폭 빠져 있었다. 나디아는 아이들을 와락 끌어안
고 가까이 있는 굴로 뛰어 들어가 몸을 숨겼다.

바깥에서는 비명소리가 들렸다. 너무도 끔찍했다. 미어캣들
이 다급하게 달려가는 소리가 나는가 싶더니 발소리는 일순간

에 사라졌다.

　나디아는 굴 안에서 아이들을 안전하게 대피시키고 조심스럽게 밖으로 나가 보았다. 그녀의 눈앞에 펼쳐진 광경은 생전 처음 보는 것이었다.

　그 모습은 가히 충격적이었다. 새들은 하늘에서 재빨리 날아다니기 때문에 미어캣 대부분은 독수리를 본 적이 없었다. 그래서인지 대체 무슨 일이 벌어졌는지 제대로 이해하기까지 애를 먹었다.

　한 시간 이내에 알파인 모로Moro와 마라Mara가 회의를 소집했다. 둘 중에 좀 더 감정적인 마라는 화가 나 펄펄 뛰었다.

어떻게 이런 일이 있을 수 있는가!!??

마라는 가족 책임자 여섯과 경비대의 수장, 대피소의 수장에게 호통을 쳤다. 독수리는 두 가족을 덮쳤고, 적어도 한 마리가 실종되었으며 두 마리는 부상을 입었다.

누구도 먼저 나서서 입을 열려고 하지 않자 마라가 침묵을 깼다.

"무리를 지키는 것이 당신네들의 최우선 임무 아닌가!"

그녀는 화를 당한 두 가족의 책임자를 쏘아보며 고함을 질렀다.

회의는 잠시 중단되었다가 재개되었다. 그중 책임자 하나가 결국 입을 열었다.

"우리는 할 수 있는 건 다 했습니다. 그런데 경보음이 울리고 바로 공격이 시작되었어요."

그는 고개를 돌려 경비대 수장을 노려보았다.

모든 시선이 니콜라스에게 쏠렸고, 그는 숨김없이 말했다.

"가장 가까이서 경비근무를 서고 있던 경비요원 말에 따르면 공격 후 경보가 울린 시간은 우리가 합의한 최소한의 기준에 부합했습니다."

그러고 나서 굴의 수장에게로 고개를 돌리며 질문했다.

"공격 지점에 굴이 충분히 있었나요?"

모두 니콜라스의 시선을 따라갔다. 굴의 수장은 당황한 듯 눈을 깜빡이면서 다른 이들을 돌아다보았다. 그러고는 표정이 완전히 굳어졌다.

"글쎄요. 나는 그곳에서 근무를 선 경비요원의 보고가 얼마나 믿을 만한 것인지 모르겠네요."

그는 잠시 멈추었다가 말을 이었다.

"우리 요원들은 모든 굴이 적절히 관리되고 접근도 용이하다고 확신하고 있습니다."

자동적으로 모두의 시선이 두 번째 가족 책임자에게 쏠렸다. 그의 얼굴에는 혼란스럽고 염려하는 표정보다는 방어하려는 기색이 역력했다. 마라는 조금도 분이 수그러들지 않았고 얼굴이 붉으락푸르락해졌다.

"정말 못 봐주겠군."

그녀는 머리끝까지 화가 나서 돌연 회의를 끝내버리고 나중에 다시 모이라고 했다.

한편, 나디아는 충격에서 헤어나지 못하고 있었다. 아이들을 생각하니 너무나 심난했다. 마음이 복잡하기는 니콜라스도 마찬가지였다. 하지만 자신의 일에서는 개인적인 감정을 드러내면 안 된다고 배워왔다. 그는 행동해야만 했다. 그래서 알파가 다음 회의를 소집하기 전에 행동을 개시했다.

그는 경비요원 둘에게 공격에 대처하는 시간을 줄일 방법을 찾아보라고 시켰다. 그리고 또 다른 둘에게는 모든 것이 효율적으로 돌아가게 하는 방안을 마련해서 망보는 장소를 하나 혹은 이상적으로는 두 군데를 만들 수 있도록 정보를 수집해오라고 지시했다. 그는 양손을 걷어붙이고 최적의 경비장소를 새로 찾아 나섰다.

베타 동료 하나도 니콜라스와 비슷한 방식으로 재빨리 움직였다. 헌데 다른 둘은 문제가 자신들의 탓이 아니라는 것을 증명하기 위해 시간을 다 보내는 것 같았다.

그 후 며칠, 몇 주에 걸쳐서 독수리의 공격 횟수는 점점 늘어났다. 그리고 비가 내릴 기미도 보이지 않았다.

미어캣들은 수분이 많은 곤충과 파충류를 실컷 먹을 수 있으면 물은 전혀 마시지 않아도 된다. 하지만 오랫동안 비가 내리지 않으면 물기가 많은 먹잇감들을 찾는 게 점점 더 어려워진다. 미어캣들이 생존하는 데 필요한 이 작은 생물들은 수분을 찾아서 땅 속으로 더 깊이 들어간다. 그리고 상황이 이렇게 되면 번식과 같은 급하지 않은 일들은 우선순위에서 밀리게 된다. 그러니까 미어캣 입장에서는 먹이와 물이 다 줄어드는 것이다.

무리가 받는 스트레스는 점점 심해졌다. 알파·베타의 회의 시간은 괴롭기 그지없었다. 마라는 물과 먹이 공급 문제에 대한 더 많은 정보를 계속해서 요구했다. 하지만 아무도 만족할 만한 정보를 알고 있거나, 그것을 찾을 시간이 없었다. 그것이 마라의 심기를 더욱 건드렸다.

"앞으로 식량의 수요와 공급을 측정할 방법에 대해 제안을 올리도록 하시오."

그녀는 미어캣-관리-연설에서 잡아먹을 듯이 으르렁거리며 말했다. 그녀는 세 가족 책임자를 가리키며,

"다음 회의 때까지 가능하겠죠?"

베타들은 오랜 경험을 통해 이런 경우 "물론입니다"라고 대답해야 한다는 것을 알고 있었다.

니콜라스는 왠지 그들이 제대로 해내지 않을 것 같아서 못

마땅했다. 알파와 베타들 간에 좀 더 협력하고, 비난의 대상을
찾느라 시간을 허비하지 않는다면 틀림없이 도움이 될 텐데.
하지만 그렇다 하더라도… 이 또한 어느 정도는 미어캣의 본성
이라는 생각이 들었다. 그래서 그는 더욱더 힘을 내 열심히 일
했다.

　니콜라스는 며칠째 제대로 잠을 못 자서 그런지 기운도 없
고 위축돼 있었다.

나디아는 아이들에 대한 생각 외에도 그날 그 시간에 자신이 무엇을 했어야 했는지 곰곰이 생각하며 더 큰 의문에 빠졌다. 독수리는 갑자기 어디서 나타난 걸까? 그건 아무도 모른다. 독수리는 분명 순식간에 아주 빠르게 저만치 이동할 수 있었다. 가뭄 때문에 먹이를 구하러 이 멀리까지 온 것일까? 생각의 퍼즐을 맞추어나가자 점점 더 불안해지면서 마음을 무겁게 짓눌렀다. 만약 그게 사실이라면 독수리는 그저 새로운 위협의 시작에 불과하다는 말이었다. 곧이어 더 많은 포식자들이 나타나는 것은 아닐까?

나무 꼭대기에서 보초 서기

에이요Ayo는 늘 경비요원을 꿈꿔왔기 때문에 1년 전 니콜라스가 그를 신입으로 뽑았을 때 누구보다도 훌륭하게 해내고 싶었다. 그의 몇몇 친구들은 이 일을 그저 의무나 구성원으로서 해야 하는 일 정도로 여겼다. 하지만 에이요에게 이 일은 훨씬 더 크게 다가왔다. 그는 경비를 설 때면 온전히 일에만 집중했다. 경비를 서지 않을 때에도 어떻게 하면 일을 그저 잘하는 수준이 아니라 완벽하게 해낼 수 있을지 골몰

했다. 그럴 수밖에 없는 것이, 에이요는 경비 일에 푹 빠져 있었기 때문이다.

에이요가 일을 마치고 돌아오는 길에 절친한 친구 나디아와 마주쳤다. 그들은 여러 가지 면에서는 아주 달랐지만 어릴 때부터 사이가 좋았다. **나디아는 굉장히 외향적이고 무엇에든 호기심과 흥미가 아주 많은 반면 에이요는 사교성은 부족하지만 집중력이 뛰어나고 남의 말을 잘 들어주었다.**

에이요는 나디아의 팔을 잡아끌며, 특유의 진지하고 다소 퉁명스러운 말투로 말했다.

"이리 와봐. 보여줄 게 있어."

그녀는 여전히 머릿속이 혼란스럽고 언제 다시 위기가 닥칠지 몰라 마음이 어수선했지만 잠자코 에이요를 따라나섰다.

둘은 가장 큰 나무가 있는 곳으로 갔다.

"올라가 보자."

에이요가 나무 위로 뛰어 오르며 말했다. 그는 날카로운 발톱을 나무껍질에 박아서 그 힘으로 몸을 위로 끌어 올렸다.

"나는 나무에 못 올라갈 거 같아."

나디아가 말했다.

"그걸 어떻게 알아?"

에이요가 대답했다.

"한 번도 해본 적이 없거든."

나디아는 이렇게 대답하면서도 말도 안 되는 소리라는 걸 금세 알아차렸다.

몇 분 뒤 둘은 9미터 높이에 올라가 있었다.

"난 더는 못 올라가겠어."

나디아가 딱 잘라 말했다.

"응, 알았어. 한번 둘러봐!"

에이요가 말했다.

그들은 튼튼해 보이는 나뭇가지에 앉아서 넓게 펼쳐진 땅을 내려다보았다.

"와우!"

나디아의 입이 떡 벌어졌다. 눈앞에 펼쳐진 광경은 지금껏 본 것 중 단연 최고였다.

에이요는 경비업무 개혁에 관해서 30분 동안이나 열변을 토했다.

"여기서는 땅에서보다도 훨씬 빠르게 위험을 감지할 수 있어. 그렇게만 되면 우리는 대처할 시간을 더 버는 거지. 끔찍한 독수리를 훨씬 더 빨리 알아차릴 수 있다고! 그렇지 않아?"

그래. 정말 그러네. 나디아는 속으로 생각했다. 이건 정말 굉장한 아이디어다. 니콜라스에게 알려야 한다.

회의. 측정. 태스크포스. 정책. 인원 동원. 계획…
알파들은 그 어느 때보다도 서로 모여서 회의

하는 데 열을 올렸다. 그들이 믿었던 몇몇 베타들이 일을 제대로 수행하고 있지 않다는 것에 대해 논쟁이 끝없이 이어졌다. 그들을 대체할 인원에 대해서도 언급했다. 그리고 불가피하게 부적격자들에게 해고통보를 어떻게 해야 할지에 대해서도 말했다.

알파들은 매일 오전과 오후에 베타들을 만났다. 베타들의 임무는 다음과 같다.

- 뱀의 공격에 대한 대처법 검토하기. 수년에 걸쳐 개발된 현재의 절차는 일곱 단계로 나누어진다. 두 시간 동안 네 번째 단계까지 논의한 후 태스크포스를 결성해 일을 완수하기로 했다.
- 조직의 구조 검토하기. 두 가족 책임자는 경비와 굴로 구분하던 업무를 없애고 가족 단위에서 이를 맡겠다는 의견에 찬성했다.(논리적으로) 하지만 굴의 수장은 굴과 경비 업무를 통합하여 자신이 관장하겠다고 제안했다.
- 먹이의 공급과 수요에 대한 새로운 측정 방식을 구체적으로 논의하기. 최근의 제안은 타당성은 있지만 23가지나 측정해야 하는 번거로움이 있다.
- 전체 무리가 네 가지 경보음과 적합한 행동지침을 학습하고

(재학습) 연습하도록 새로운 훈련 계획을 검토한다.

	낮은 경보	높은 경보
지상 공격	신호 1	신호 2
공중 공격	신호 3	신호 4

회의가 없을 때는 모로보다 마라를 따르는 보스들이 전보다 더 많이 명령을 내리고 통제를 했다. 왜냐하면 마라는 누구보다도 경험이 많기 때문이다. 그녀는 더 많은 것을 알고 있다. 그래서 끊임없이 말하고, 혹은 계속해서 소리칠 수도 있다. 그녀는 쉬지도 않고 스스로를 몰아붙였다. 그에 비해 다른 이들에 대한 기대는 없었다. 한 가지 분명한 것은 베타와 무리의 다른 많은 미어캣들에게 점점 더 스트레스가 쌓여간다는 점이었다. 업무 자체도 까다로워졌을 뿐만 아니라 완전히 진을 뺐다.

무리는 보스들이 항상 무슨 회의를 하는지에 대해 추측을

했다. 걱정이 많은 이들과 절대 자신의 우수성을 믿지 못하는 이들은 윗선의 명확한 의사소통 부재로 인한 온갖 부정확한 뉴스를 퍼뜨렸다. 알파들의 광범위한 전략을 이해하는 건 고작 미어캣 여섯에 불과했다.

식량 문제까지 날로 심각해져 생활은 더 안 좋아졌다.

미어캣들은 매일 운동을 하는 것처럼 보였다. 살이 하나도 없었다. 좋은 소식은 그들의 유전자 구성 덕분에 구태여 칼라하리 헬스클럽에서 살을 빼려고 고생하지 않아도 되고 통통해질 염려가 조금도 없다는 것이다. 반면, 좋지 않은 소식은 몸속에 비축한 지방이 없어서 아무것도 먹지 않으면 하루도 버티지 못한다는 것이다. 만약 이틀 동안 아무것도 먹지 못한다면 상태는 심각해지고 삼 일째가 되면 죽을 수도 있다. 충분한 먹잇감을 확보하는 데 어려움이 늘어나면서 점점 더 많은 미어캣들은 이기적으로 변해갔다. 강자는 약자의 것을 빼앗았다. 알파들이 이 소식을 접하고 베타들에게 그들의 가족, 경비요원, 혹은 굴요원들이 끔찍한 적자생존의 논리에 빠지지 않게 하라고 지시했다. 베타들의 일장연설은 다소 효과가 있었지만 문제를 완전히 없애지는 못했다. 자포자기한 미어캣들은 자신을 지키기 위해 더욱더 몸을 사렸다.

마지막 결정타

에이요는 늘 보초를 서던 나무에서 내려왔다. 근무가 끝나고 교대자가 도착했다.

"니콜라스가 좀 보자는데."

교대자가 말했다.

드디어! 하고 에이요는 생각했다. 자신이 발견한 것을 니콜라스에게 설명하려고 기를 쓰고 노력했었다. 그때마다 니콜라스는 회의 중이었고 다른 베타들과 이야기를 하고 있거나 제대로 귀 기울여 듣지 않았다. 종일 아무것도 먹지 못해 힘이 없었지만 에이요는 흥분되었다. 이제 자신의 아이디어를 니콜라스에게 설명할 기회가 온 것이다.

에이요가 입을 떼기도 전에 니콜라스는 냉정하고 지치고 쌀쌀맞은 표정으로 넌더리가 난다는 듯이 단호하게 말했다.

"에이요, 네가 경비 절차를 어겼다고 다른 요원한테 보고를 받았어. 순찰 중에 나무에 올라갔다는 게 사실이야?"

에이요는 니콜라스의 말투와 어조에 기죽지 않고 조금도 흔들림 없는 자세로 대꾸했다.

"그렇습니다. 사실입니다. 나무에 올라가 보니 더 멀리까지 볼 수 있었어요. 그리고…."

"그만!"

니콜라스는 매몰차게 말을 잘랐다.

"경비요원은 어떤 경우에도 자기 자리를 떠나면 안 된다는 것 모르나! 그건 우리가 하는 방식이 아니야. 절대! 너도 분명 알고 있을 텐데! 대체 무슨 생각으로 그렇게 한 거지? 네 멋대로 행동하다니 정말 실망이군. 현장에서는 절대 용납할 수 없는 일이야. 우리는 경비요원들이 임무를 충실히 수행할 거라는 100퍼센트 확신이 필요해. 모두들 자네를 위원회에 회부해서 처리방안을 마련하라고 하겠지. 그러면 자네는 더 이상 경비대원 일을 하지 못하게 될 거야."

에이요는 자신의 귀를 의심했다.

"니콜라스, 나는 훨씬 더 잘 해낼 수 있는 방법을 발견했다고요…."

"에이요, 네 의도가 어떤지는 중요하지 않아. 이 문제로 더 얘기할 시간이 없어. 정말 미안하네."

니콜라스는 몸을 돌려 자리를 떠났다.

에이요는 할 말을 잃었다. 그는 다리에 힘이 풀려 풀숲에 털썩 주저앉고 말았다. 자신이 소리를 지르고 싶은 건지, 울고 싶은 건지 알 수 없었다.

나디아는 자신에게 영웅과도 같은 존재인 오빠가 그런 행동을 했다는 것을 전해 들었을 때 말문이 막혔다. 니콜라스를 찾아갔지만 회의 중이라는 말밖에 들을 수 없었다. 나디아는 에이요와 함께 시간을 보냈다.

낙담하고, 혼란스러우며 의기소침해진 둘은, 에이요가 진정이 될 때까지 멍하니 허공을 응시하며 많은 이야기를 나누었다. 에이요가 말했다.

"나디아, 이렇게는 살 수 없어. 나는 도움이 되지 않아. 실패자라고. 이건 미친 짓이야. 나는 이곳을 떠나겠어. 다른 무리를 찾을 거야. 내가 뭐라도 할 수 있는 곳 말이야."

나디아는 그 말에 충격을 받은 것 같았다.

"무리를 떠나는 게 내가 처음은 아니야."

에이요가 말했다.

"어제 가장 훌륭한 굴요원과 미어캣 두 마리가 떠났어."

나디아도 굴 일을 하는 주베리Zuberi와 매우 유능한 그의 친구들이 떠났다는 소문을 들었다.

에이요는 니콜라스 다음으로 나디아가 좋아하는 친구다. 그녀는 경비 일 말고는 아무것도 할 줄 아는 게 없는 자신의 소중한 친구가 어떻게 사막에서 혼자 살아남을 수 있을지 상상이 가질 않았다.

"정 그렇다면, 나도 같이 갈래!"

그녀는 충동적으로 내뱉었다.

나디아는 여러 날 동안 곰곰이 생각했다. 다른 미어캣 무리들도 비슷한 문제에 부딪혔을 것이 분명하다. 그들은 어떻게 하고 있을까? 적어도 한 곳에서는 더 나은 방법을 발견하지 않았을까? 누군가는 그 지식을 발견하여 친구들과 가족들에게로 가져와야만 한다.

나디아는 자신의 비장한 생각을 에이요에게 설명하고 함께 논의했다. 그리고 둘은 의견이 일치했다. '누군가'가 이 둘이 되지 말라는 법이 있는가?

나디아는 다시 한 번 니콜라스를 찾아갔다. 이번에는 자신과 에이요가 이곳을 떠나 그간 무리가 새로운 도전에 대처하려고 노력한 방식보다 더 효과적인 해결책을 찾아오겠노라고 알릴 참이었다. 언제나처럼 니콜라스는 나디아가 이야기할 때 서두르고 있었으며 매우 바빴다.

"니콜라스, 듣고 있는 거야?"

그녀는 자기도 모르게 목소리가 커졌다.

"나는 떠날 거라고."

그는 산더미처럼 쌓인 업무 목록을 검토하다 말고 고개를 들어 여동생을 보았다.

"무슨 얘기를 하는 거야? 설마 진심은 아니겠지. 무슨 일 있어? 나디아?"

"모두 엉망이야. 우리 무리는 엉망이고 위원회가 하는 일이라고는 고작 지시하고 소리 지르는 것이 다야. 나는 정말 지쳤다고."

나디아는 지난 몇 주간 쌓였던 불만을 털어 놓았다.

"오빠의 지친 모습을 보는 것도 이제는 지겨워. 그리고 자기밖에 모르는 이들을 보는 것도 지치고. 끝없이 남을 탓하며 다투는 것도 넌더리가 나. **일단 자기들이 최선이고 유일한 방법이라 생각하면 그걸 뛰어 넘어 상황을 개선시킬 수 있는 아이디어는 들으려 하지 않는 것도 정말 싫어. 도움을 주려는 이들이 오히려 자리에서 밀려나고, 입 다물고 하던 대로나 하라는 말을 듣는 것도 진절머리가 나.** 오빠를 포함해서 위원회는 이런 것들을 모두 못 본 척하잖아."

나디아는 새로운 위협에 더 나은 방법으로 대응하고 있는 무리를 찾고, 그 정보들을 수집하겠다고 말했다. 니콜라스는 나디아가 마치 미지의 언어로 말하고 있는 것처럼 보였다.

"상황은 다시 좋아질 거야."

그렇게 말했지만 그도 반신반의했다.

"내 요원들은 지난 며칠 동안이었지만 여러 방법으로 성공적으로 일했어. 너도 알겠지만 우리에게는 여러 해 동안 이렇게 번영할 수 있었던 큰 강점이 있잖아."

나디아는 건성으로 고개를 끄덕였다. 니콜라스와는 더 이상 말이 통하지 않는다는 것을 깨닫고 입을 닫아버렸다.

"떠돌아다니는 건 너무 위험해! 너도 잘 알고 있잖아."

니콜라스는 걱정을 감추지 못했다.

"그래. 나도 알아, 니콜라스. 사실 조금은 두렵기도 해. 하지만 여기에는 희망이 없어. 희망이 없는 삶은 도저히 생각할 수가 없어. 어쩌면 에이요와 나는 우리보다 더 나은 무리를 발견하지 못할 수도 있지만, 그건 모르는 일이야. 그래도 우리는 일단 도전해보려고 해."

미어캣들은 말 그대로 귀를 닫는 독특한 능력이 있다. 그것은 굴을 팔 때 귀에 모래가 들어가지 않도록 자연적으로 발달된 것이다. 굴을 파고 있지 않는데도 나디아는 니콜라스의 귀가 꽁꽁 닫힌 걸 보았다.

나디아는 니콜라스와 꽤 오래 포옹했다. 그러고는 오빠를 밀어내고 재빨리 돌아서서 눈물을 보이지 않기 위해 뛰었다. 나디아는 오후에 다른 큰언니 일을 하는 미어캣에게 가서 자신이 돌보던 아이들을 맡아달라고 했다. 그리고 생각했다.

말도 안 되는 일이다. 불과 얼마 전까지만 해도 자신의 오빠와 무리가 아주 잘 해냈다고 믿었었다. 실제로 미어캣-관리는 정말로 훌륭했다. 하지만 지금은 문제를 다루는 것에 완전히 실패하고 말았다.

네모와 계획, 규정들을 가지고는 대처하지 못한다…. 어떤 것에? 독수리? 나디아는 비단 독수리의 문제만이 아니라는 것을 알고 있었다. 좀 더 광범위한 어떤 것이다. 해결책과 방안을 고안해내지 못한 새로운 도전에 대한 것이다. 그들에게 너무 순식간에 들이닥친 도전들 말이다. 모든 것이 변하면서 미어캣-관리는 늘 위에서 명령하고 소리 지르며 시작되었다. 하지만 이런 식은 도움이 되지 않았다. 오랫동안 잘해온, 기존의 방식이 아니라는 이유로 에이요의 의견과 같은 창의적인 아이디어들을 거부했다. 그러니 무슨 효과가 있겠는가.

해질 무렵, 에이요와 나디아는 길을 떠났다.

1. 과거에는 경험해보지 못한 색다른 문제나 위기가 발생했다면 그 상황을 구체적인 예를 들어 자세히 기술해본다. 이런 위기 상황에서 조직은 어떤 방법으로 대처했으며 위기 발생 이전과 이후의 상황을 비교해서 설명해본다.

2. 진정한 변화는 문제가 발생했을 때 그 문제의 근원을 안에서 찾고 동일한 문제가 반복해서 발생하지 않도록 대안을 모색하는 가운데 시작된다. 그런데 미어캣 무리에 전대미문의 위기가 발생했을 때 미어캣들은 어떻게 대처했는지, 여기서 배울 수 있는 변화관리 시사점이나 교훈은 무엇인지를 토론해본다.

3. 에이요가 경비에 관한 혁신적인 아이디어를 제시했을 때 니콜라스는 어떻게 대응했는가? 지금까지 해오던 방식이 아니라는 이유로 일고의 가치도 없다고 야단을 치거나 호통을 치면서 새로운 제안을 묵살할 경우 여러분은 어떻게 대응할 것인가? 여러분의 조직에서 실제 발생했던 사례를 토대로 토론해본다.

4. 미어캣은 굴을 팔 때 귀에 모래가 들어가지 않도록 귀를 닫는 습성이 있다고 한다. 문제는 쓴소리를 하거나 기존 제도나 관습을 창조적으로 파괴하는 건설적인 제안을 했을 때 리더가 귀를 닫아버릴 때 발생한다. 여러분의 조직은 새로운 아이디어나 혁신적인 제안에 대해 어느 정도 개방적인 자세와 태도를 유지한다고 생각하는지 경험에 비추어 토론해본다.

03

새로운
도전과 실패

나디아와 에이요는 밤에는 될 수 있는 한 빨리 걷고 낮에는 버려진 굴에서 잠을 자기로 했다. 이런 방법이 이동 속도는 느려도 훨씬 안전했다.

다른 무리를 만나기까지 두 밤이 걸렸다. 동이 트기 전에 도착했기 때문에 둘은 앉아서 미어캣들이 잠에서 깨기를 기다렸다. 미어캣들이 굴에서 나오기 시작했는데, 대략 60마리~80마리 정도 돼 보였다.

"이상해. 왜 아무도 우리에게 신경을 안 쓰지?"

나디아가 말했다.

"경비대가 엉망이군."

에이요가 대답했다.

그들은 무리를 관찰했다. 보기 좋은 모습은 아니었다.

이곳의 불안 수준은 나디아가 떠나온 무리를 생각나게 만들었다. 물론 예전의 무리가 좀 더 차분해 보이긴 했지만. 미어캣들은 함께 움직였지만 일이 제대로 돌아가고 있는지는 전혀 알 길이 없었다. 책임자로 보이는 이들은 나디아와 에이요의 예전 무리들처럼 명령하고 소리를 질렀다. 대부분은 호통에 가까웠다. 그리고 아이들을 돌보고, 망가진 굴을 보수하는 등의 일상적인 일들을 잘해내는 것같이 보이지도 않았다.

나디아가 무리의 구성원들에게 말을 붙이려 하면 다들 하나같이 이렇게 대답했다.

"미안, 지금은 너무 바빠. 시간이 없어. …을 해야 하거든."

그러고는 황급히 자리를 떴다. 겨우 한 녀석을 불러 세웠는데, 이곳도 나디아의 고향과 똑같은 위험들을 직면하고 있었다. 하지만 적어도 나디아가 말할 수 있는 것은 심지어 갑자기 어려운 상황이 닥쳐도 니콜라스가 경비대 수장으로 매일같이 수행했던 임무는 이들과 매우 동떨어져 있다는 사실이었다. 끔찍한 새로운 환경에 대처하는 혁신적인 아이디어에 대해서는

그 누구에게서도 듣지 못했다.

　이 무리에서 누가 알파인지 알아내는 건 어렵지 않았다. 여덟에서 열 마리의 미어캣들은 한 마리의 미어캣이 어디로 가든 그 뒤를 졸졸 따라다녔기 때문이다. 꽤 수가 많아 보이는 그 외 나머지들은 책임자를 피해 도망 다니는 것 같았고 알파들이 근처에 나타나면 다른 곳으로 슬그머니 피했다.

　나디아와 에이요는 그날 저녁 많은 이야기를 나누었다. 여기는 이제 끝났다는 생각을 떨쳐버릴 수가 없었다. 정말 끔찍했다.

　나디아는 이곳에서 얻은 교훈을 생각했다. 그것이 무엇인지 좀 더 명확히 따져볼 시간이 필요했지만 답이 없는 곳에 머물 이유는 없었으며 자신들에게 전혀 도움이 되지 않는다는 사실도 확실히 알았다.

나디아와 에이요는 하루 만에 다시 길을 떠났다.

이내 또 다른 무리들을 만났지만, 가뭄 때문에 새로운 구성원들을 반길 여력이 없었다. 심지어 어떤 곳에서는 이들을 쫓아내기도 했다. 그 밖의 무리들은 맨 처음에 만난 이들과 비슷했고, 혹은 떠나온 고향 무리의 축소판을 보는 것 같았다.

차가운 밤길을 걷고 평소보다 먹는 것도 부실한 상태에서 낮에 잠을 자는 생활을 하다 보니 나디아와 에이요는 이내 지쳐갔다. 하지만 하나가 계속 찾아야 한다고 중얼거리면 나머지 하나는 말과 몸짓으로 기운을 북돋웠다. 그렇게 그들은 앞으로 나아갔다.

가끔 떠돌이들을 만나기도 했다. 하지만 그들 중 대부분은… 약간 이상했다. 그래서 매트Matt를 우연히 만났을 때도 처음에는 다소 회의적이었다.

매트는 다른 미어캣들보다 컸고 나디아와 에이요보다도 나이가 약간 많았다. 그는 꽤 한참 떠돌고 있었다.

몇몇 떠돌이들을 만나서 짧은 대화를 나눈 뒤 나디아는 매트가 칼라하리 사막을 어떻게 혼자서 떠돌게 되었는지 물어보았다.

매트의 사연은 비극적이었다. 매트의 무리는 새로운 위협에 대한 해답을 찾지 못하고 결국 붕괴되고 만 것이다. 가족들은 뿔뿔이 흩어지고 경비업무도 정상적으로 이루어지지 않았다고 한다. 그나마 꼼꼼히 관리되던 것은 굴이었는데, 한때는 심지어 확장되기도 했지만 굴의 절반만 제 역할을 했다고 한다. 매트가 굴의 베타였다.

에이요는 새로 만난 미어캣을 금세 좋아하게 되었다. 왜냐하면 매트는 삶의 기준이 높고 자신의 일에 매우 진지했기 때문이다. 나디아는 문득 오빠 생각이 났다. 매트와 많은 점이 비슷한 오빠가 벌써부터 너무도 보고 싶었다.

"우리와 함께 가요."

나디아는 즉흥적으로 매트에게 제안했다. 에이요는 잠시 생각하는가 싶더니 이내 고개를 끄덕였다. 매트는 생각하지도 못한 제안에 기뻐했다.

셋은 잠시 쉬어가기로 했다. 매트는 나디아와 에이요에게 말했다.

"요 근래 새로 생긴 무리가 있다고 들었어. 거기서는 새로운 구성원도 기꺼이 받아 준다고 하더라고. 먹이도 풍부하고 독수리와 뱀들의 공격에도 안전하다고 해."

나디아와 에이요는 귀가 번쩍했다.

"사흘 전부터 찾아 헤맸는데, 그들을 만날 수가 없었어."

매트는 땅에다가 지도를 자세히 그렸다. 그동안 돌아다니며 파악한 것이다.

"그들은 이 근방에 있을 거야."

매트는 한 지점을 가리키며 말했다.

에이요는 매트의 팔을 잡아끌고는 근처에 있는 큰 나무로 데려가 자신을 따라 올라오라고 했다. 그들은 금세 꼭대기에 올라갔다.

"이 평원 어디에 무리가 있다는 거야?"

에이요가 물었다.

"와우!"

나디아가 처음 나무 꼭대기에 올랐을 때처럼 매트도 감탄했다. 이내 이 새롭고 놀라운 광경을 받아들이고 눈앞에 펼쳐진 것들을 파악했다. 그러고 나서 잠시 후 5킬로미터 떨어진 지점을 가리키며 말했다.

"저기야!"

밤이 되자 그들은 다시 길을 떠났다. 다음날 아침 나디아, 에이요, 매트는 작은 무리를 발견할 수 있었다. 그리고 단 몇 분도 걸리지 않아 뭔가 다르다는 것을 알아차렸다.

아주 다른 방식

무리의 미어캣은 12마리뿐이었는데, 그들은 둥글게 둘러앉아 있었다. 나디아, 에이요, 매트가 도착했을 때는 막 회의를 하려던 참인 듯했다. 그중 한 마리가 미소를 머금은, 적어도 적대적으로 보이지는 않는 이 셋을 발견했다. 바로 그 무리를 이끄는 미어캣이었는데, 이름이 레나Lena라는 것, 그 무리를 처음 만들었다는 것은 나중에 들어 알았다. 그녀는 이 떠돌이들에게 옆에 앉아서 회의가 끝날 때까지 기다려 달라고 한 뒤에 회의를 시작했다.

"알다시피 올해는 그 어느 때보다 우기가 늦어지고 있어요. 하지만 지금까지 우리는 이것이 큰 문제가 되지 않게끔 현명하

게 대처해왔습니다."

그녀는 구성원들을 향해 미소를 지으며 말을 이었다.

"왜 이런 일이 일어나는지 알 수도 없고 비를 내리게 할 수
도 없어요."

미어캣 둘이 동의하듯 살며시 웃었다.

레나는 말을 이어갔다.

"하지만 만약 내일도, 혹은 모레도, 다다음 주까지도 비가

오지 않는다면 우리가 할 수 있는 일은 대비하는 것뿐입니다. 그렇죠?"

나머지 미어캣들은 조심스레 고개를 끄덕였다.

"물론 생각하지도 못한 문제이긴 하지만, 현명한 해결책을 통해 좀 더 강하고 나은 무리가 될 수 있어요. 그러니까 우리 앞에 기회가 주어진 겁니다."

레나는 다시 한 번 웃어 보였고 그룹의 대부분도 다시 고개를 끄덕였다. 이 모습에 나디아는 완전히 매료되었다.

레나는 계속해서 말했다.

"우리가 이… 기회를 더 잘 다루는 방법에 대한 논의를 맡아 진행해줄 분 있나요?"

누군가 쭈뼛거리며 손을 들었다. 다들 누구의 손이 올라갔는지 보지 못했지만 레나는 즉시 알아차리고 말했다.

"그래요, 타무Tamu. 타무에게 박수를 보냅시다."

자원해준 타무에게 용기를 북돋아주려는 레나의 의도를 알고 모두들 웃으며 힘껏 박수를 쳤다.

"우선은 아이디어를 모아 봅시다."

타무는 조심스럽고 차분한 목소리로 말했다.

"아직은 어떤 평가도 하지 말아 주세요. 먼저 생각들을 모아

봅시다."

미어캣들은 각자 자신의 생각을 쏟아냈다. 타무는 회의장 안에서 따로 구별된 바닥에 각 아이디어를 받아 적었다. 어떤 이가 하나의 제안을 내놓으면 타무가 미처 받아 적기도 전에 다른 미어캣이 그것을 발전시킬 수 있는 의견을 또 내놓았다. 처음 아디이어를 냈던 미어캣은 잠자코 듣다가 이내 웃으며 고개를 세차게 끄덕거렸다.

일곱 개의 의견이 나왔고 더 이상 새로운 아이디어는 없었다. 타무는 이제 가장 마음에 드는 것에 발을 들어서 표시해 달라고 했다. 미어캣 둘을 제외하고 모두 세 개 중에서 하나를 고르려 했다. 타무는 이 세 가지 의견에 집중해보자고 제안했고 나머지도 선뜻 동의했다. 그는 동료들에게 세 개 중 어떤 것이 가장 낫다고 생각하는지 그 이유를 설명해달라고 했다. 그리고 각각의 아이디어에서 발생할 수 있는 문제는 무엇인지도 물어보았다.

논의는 계속 되었고, 이들은 좋아하는 것은 확대하고 싫어하는 것은 줄이는 새로운 방식으로 세 개의 아이디어 중 두 개를 추렸다. 나디아는 눈이 휘둥그레져서 이 모습을 지켜보았다. 이 같은 광경은 한 번도 본 적이 없기 때문이다.

"세 가지 모두를 할 수는 없을까요?"

타무가 끝머리에 물었다.

"안 돼요."

다들 딱 잘라 말했다.

"그렇다면, 가장 많은 표를 얻은 의견으로 갈 건가요?"

"네!"

모두 큰 소리로 대답했다.

그래서 그들은 한 번 더 발을 들어 투표를 했고 최종안이 결정되었다. 그것은 바로 "먹이를 공유하는 것"이었다.

개념은 간단했다. 하지만 실행하기에는 여러 가지로 걸림돌이 많았다. "먹이를 공유한다"는 말은 자신이 찾은 먹이를 다 먹지 않고 남기겠다는 뜻이다. 그러니까 어떻게 해서든 수요보다 더 많은 양의 먹이를 구해서 필요한 이들이 이용할 수 있게 해주는 것이다. 원리는 아주 간단하지만 미어캣 세계에서는 굉장히 급진적인 시도였다.

"두 번째로 많은 표를 얻은 의견은 어떤가요?"

타무가 물었다. 만약 먹이를 공유하는 방안이 현실성이 없으면 두 번째로 많은 표를 얻은 의견을 시도해봐야 한다고 누군가가 제안했다. 다들 그 말에 동의하는 것 같았다. 그런 다음

일제히 레나를 쳐다보았고 그녀는 웃으며 고개를 끄덕였다.

"먹이를 공유하는 구체적인 방법을 계획하고 이를 실행에 옮겨줄 분이 필요합니다. 이 일을 원하시는 분 없나요?"

그녀가 그룹을 향해 말했다.

미어캣 다섯이 손을 들었다.

"아주 좋아요. 논의를 매우 생산적으로 이끌어준 타무에게 감사를 전합시다."

레나가 말하자 모두 타무에게 고맙다는 말을 전하며 회의를 끝마쳤다.

무리는 각자 흩어지고 회의를 주관했던 미어캣이 우리 곁으로 다가왔다.

"안녕하세요. 레나라고 합니다. 당신들은 누구죠?"

나디아, 에이요, 매트는 각자 소개를 한 뒤 자신들이 처한 입장을 간단히 설명했다. 레나는 끝까지 잠자코 들었다. 이야기를 마치자 자신의 무리에 들어와 주기를 바란다고 했다. 셋은 자신들이 오히려 영광이라 대답했다.

"독수리는 어떤가요? 여기도 나타났나요?"

에이요가 물었다.

"네, 독수리들이 공격했지만 어떤 피해도 없었어요. 우리는 각자 모두가 이른바 경비대 역할을 담당하거든요. 그래서 구성원 중 하나가 독수리를 발견하면 온 힘을 다해 큰 소리를 질러요. 우리는 모두 그 소리를 듣고 굴로 뛰어 들어갑니다. 그게 다예요. 첫 번째 공격 이후, 사투Satu가 몇몇을 모아 보다 안전한 대피 요령을 개발해냈지요. 궁금하면 그에게 물어보세요. 친절하게 설명해줄 겁니다. 그러곤 한동안 독수리가 보이지 않았어요. 독수리들은 틀림없이 실패가 적고 좀 더 손쉽게 먹이를 얻을 수 있는 곳으로 갔을 거예요."

그때 누군가 레나를 부르러 왔고, 그녀는 그룹의 아픈 구성원을 돌봐야 한다며 양해를 구했다.

나디아는 궁금한 게 아주 많아서 어디서부터 시작해야 할지 몰랐다. 어쨌든 일단, 나디아와 에이요, 매트는 음식을 좀 먹고 쉬었다.

일어나자마자 나디아는 레나와의 약속을 어떻게 잡을 수 있는지 물어보았다. 그러자 다들 그녀를 이상하다는 듯 빤히 쳐다보며 이렇게 말했다.

"그냥 가서 말하면 되죠."

나디아는 그렇게 하기로 했다.

먹이를 공유하는 것과 그 밖의 특이한 아이디어들

•   나디아는 이들 무리가 형성된 지 몇 달밖에
되지 않았다는 것을 알게 되었다. 레나, 그리고 운영 방식이 마
음에 들지 않아 큰 무리를 떠나온 일곱 미어캣들이 만들었다고
한다. 지금은 그들의 방식대로 꾸려가고 있다.

레나는 나디아에게 운영 방식을 좀 더 잘 이해하고 싶으면
오후에 있을 자원한 미어캣으로 구성된 먹이 공유 팀의 첫 회
의에 참석해보라고 권했다. 나디아는 회의에 가보았다.

타무가 조금 늦게 도착했고 그룹은 이미 회의장소라고 표시
된 커다란 나무 그늘 아래에 편안히 앉아 있었다.

"늦어서 미안합니다."

타무가 말했다.

"괜찮아요. 우리도 이제 막 누가 팀을 이끌어주면 좋을지 얘
기하고 있었어요."

그중 하나가 이렇게 말했다. 타무는 모두 자기를 쳐다보고
있다는 걸 알았다. 하나같이 상냥하고 힘을 북돋아주는 눈빛이
었다. 하지만 그 의미를 알아차리고 타무는 조금 멋쩍었다.

"그러니까…?"

타무가 물었다.

"그래요, 타무. 당신이 팀을 이끌어주면 좋겠어요. 해줄 수 있나요?"

미어캣 하나가 말했다.

여러 생각과 걱정이 타무에게 몰려왔다. 하지만 한편으로는 행복하기도 했다. 왜냐하면 전에 있던 무리에서는 중요한 역할을 전혀 하지 못했다. 그리고 자신의 가족이 뿔뿔이 흩어진 후 외로움과 두려움에 휩싸여 새로운 보금자리를 찾아 여기저기 헤매고 다녔다.

"할게요."

타무는 자기도 모르게 이렇게 대답했다. 그룹의 구성원들은 박수를 보냈다.

나머지 회의 시간 동안 그들은 먹이를 성공적으로 공유하게 되면 어떤 모습이며, 무리에게 이 비전의 장점에 대해 어떻게 알릴지, 가능한 한 빨리 다른 이들을 동기부여해서 이를 실현할 수 있을지에 대해 논의했다.

"그냥 음식을 공유하라고 명령하면 안 되나요?"

성미가 급한 무리의 새로운 구성원이 말했다. 하지만 다른 미어캣이 이렇게 말했다.

"우리 무리에서는 그 누구도 다른 이에게 무엇을 하라고 명

령할 권리는 없어요. 그건 우리가 하는 방식이 아니에요."

새로운 멤버는 눈을 깜빡거렸다. 그가 그룹에 합류한 후 경험한 것에 비하면 놀랄 것도 아니었다. 그렇지만 이러한 방식은 여전히 매우 급진적이었다.

먹이를 공유하자는 아이디어를 현실로 만드는 방법에 대한 논의는 큰 진전을 보지 못했다. 그러다 누군가 제안했다.

"최근에 새로 들어온 이들까지 우리 무리는 총 15마리입니다. 그리고 우리 팀은 다섯이고요. 우리가 먼저 먹이 나누는 일을 시작해보면 어떨까요?"

다른 더 좋은 의견이 없었고, 해볼 만하다는 결론이 나자 팀은 실행에 들어갔다.

다음날 그들은 반원을 그리며 둘러앉았다. 팀원 중에 하나가 나뭇잎으로 장식한 나무 바구니에 각자가 잡아온 먹이를 담았다. 얼마 안 있어 호기심 많은 몇몇 동료들이 낯선 광경을 보고 몰려들었다. 몇몇은 배가 몹시 고팠다. 다음날에는 여덟 마리가 같은 장소에 모여 먹이를 나누었다. 그다음 날에는 열 마리…. 나디아는 접시에서 먹이를 집어간 미어캣은 다음 날 더 열심히 먹이를 구해서 무리들이 끼니를 해결할 수 있도록 가져오는 것을 발견했다. 아무도 세어 보거나 기록하지 않았고 전혀 그럴 생각도 없어 보였다. 하지만 미어캣들은 먹이 공유를 시도하기 전보다 먹이를 더 많이 발견했다.

미어캣 다섯은 다음 모임에서 자신들의 성공을 자축했다. 레나도 와서 비전과 창의적인 업적을 축하해주었다. 그 후 수일 동안 나눈 많은 대화에서 그녀는 무심코, 하지만 자주 커뮤니티 점심 시간에 먹이를 공유하는 것이 얼마나 자랑스러운지 언급하곤 했다.

나디아는 눈에 보이는 모든 것이 다 좋았다. 단 며칠 만에 무리의 두 아이들은 그녀를 '큰언니'처럼 여기고 종일 그녀 옆에 붙어 있고 싶어 했다. 나디아 역시 그렇게 하는 게 기뻤지만 먼저 아이들을 돌보는 일을 맡은 책임자가 누군지 확인했다. 그런데 책임자는 아무도 없었다. 왜냐하면 그곳에는 그녀가 알고 있는 '직업'이라는 개념이 없기 때문이다. 수장도 경비대원도 없었다. 가족 책임자도 없었다. 그저 자발적으로 아이가 자라도록 돕고 돌보는 이만 있었는데, 그는 나디아를 두 팔 벌려 환영했다. 그러다 하는 일은 잘 진행되고 있는지, 어려운 부분은 없는지, 아이들을 좀 더 잘 돕는 방법은 무엇인지 나누기 위해 둘이서 이따금씩 만나기 시작했다.

한편, 에이요는 경비를 서기에 최상의 지점을 살펴보았다. 그는 재빨리 경비업무를 향상시킬 수 있는 여섯 가지 방법들을 생각해냈다. 몇몇 좀 더 어린 미어캣들은 그가 하는 것을 보고 들으며 그에게 흠뻑 빠졌고 경비기술을 배우고 싶어 했다. 그도 기꺼이 수락했다.

매트는 굴을 점검했고 특별히 좋은 상태는 아니라는 것을 발견했다. 이와 관련해 레나에게 상의하자, 레나는 반색하며 그에게 그 일을 자원할 이들을 찾아달라고 요청해서, 매트도 그렇게 했다.

타무는 자신이 볼 때 잠재적으로 굉장히 유망한 아이디어를 그야말로 더듬더듬 얘기했다. 어느 날 그로서는 어마어마하게 큰 코끼리 똥을 밟고 말았다. 발을 털고 보니, 똥 더미에는 하얀 벌레가 수천 아니 수백 마리가 우글거리고 있었다. 그는 몇 개를 시범적으로 모래에 씻어 맛을 보았다. 저절로 인상이 찌푸려졌다. 그런데 이내 굉장히 맛있고 즙이 많은 것을 발견하고는 얼굴이 환해졌다. 불현듯 머릿속에 번뜩이는 생각이 스쳐 갔다. 코끼리 똥을 모아 그 안에 작은 벌레를 키워 먹이 농장을 만들어서 먹이를 얻으면 어떨까? 먹이 문제에 있어서 획기적인 해결책이 될 수 있지 않을까?

타무는 자신의 생각을 다른 이들에게 설명했다. 몇몇은 코끼리의 똥에서 나온 작은 생물을 먹을 수 있다는 사실과 더구나 똥으로 덩어리를 만들 수 있다는 것에 열광했고 그것들을 정해진 장소로 굴려서 가져가 먹이 농장을 만들었다. 한편, 시큰둥한 반응을 보이는 이들도 있었다.

"좋아, 그런데 그렇게까지 할 필요가 있나."

대부분은 뒷짐 지고 구경만 했다. 하지만 이내 몇몇은 자발적으로 타무의 아이디어를 실행에 옮기고 싶어 했다. 타무는 그 일을 레나에게 알렸고, 레나는 그녀 특유의 긍정적인 태도로 그들을 격려했다. 가서 시도하고 배우고 개선하라고.

여전히 이 새로운 시도에서 발견하고 배울 게 많지만 돕고자 하는 미어캣들은 아주 빨리 많은 것을 실현시켰다. 그들은 첫 수확물을 먹이 공유 바구니에 가져다놓았다. 처음에는 다들 조심스러웠지만 새로운 먹이를 먹어 보고 좋아하게 된 미어캣들이 점점 더 늘어났다.

나디아는 바로 옆에서 이 모습을 지켜보았다. 그녀는 놀라움을 금할 수 없었다. **새롭고 획기적인 아이디어를 생각해내고 지지하고 실현시키는 속도, 열정, 협력, 에너지. 마음속으로 그동안 자신의 삶에서 알았던 것들과 자꾸만 비교가 되었**

다. 이곳은 근본적으로 매우 다르지만 아주 잘 돌아간다. 그녀는 타고난 호기심으로 꼬리에 꼬리를 물고 생각을 이어갔다. 그런데 왜? 왜 그런 걸까?

나디아는 레나를 만나러 갔다.

원이냐 네모냐, 자원이냐 강제냐

"레나, 무엇이 당신네 무리를 단결시키나요? 어떻게 그럴 수 있는 거죠…."

나디아는 '열정'과 '창의력'과 같은 말들을 기대했다.

레나는 잠시 생각한 후, 땅에다가 원을 몇 개 그렸다. 태양계처럼 보일 수도 있었다. 태양과 행성 그리고 몇 개의 달.

"중심에는, 매주 모여 우리가 원하는 것, 되고자 하는 모습, 그리고 우리가 당면한 핵심 이슈들을 논의하는 그룹이 있어요. 그러니까 우리를 단결시키는 것은 동지애라고 할 수 있죠. 당신이 시도하기를 멈추지 않는 한 여기서 실패는 있을 수 없어요."

레나가 말했다.

"매주 있는 그 모임에 누구나 참석할 수 있나요?"

나디아가 물었다.

"우리 숫자가 열둘밖에 되지 않았을 때는 그랬어요. 하지만 당신들처럼 떠돌아다니다가 우리와 함께하기로 한 미어캣들이 점점 늘어난다면 언젠가 우리는 많은 이들이 다른 방법으로 도울 수 있도록 독려하게 되겠지요. 모든 이들이 거대한 질문들에 대해 고심하거나 다른 이의 의견을 귀담아 들으리라 기대하는 건 무리겠지요."

나디아는 태양계 그림에서 행성들과 달을 가리켰다.

"그러면 이 원들은 무엇을 의미하나요?"

레나는 고개를 끄덕였다.

"현재로는, 하나는 타무가 시작한 벌레 농장이고, 다른 하나는 당신이 하고 있는 아이들을 돌보는 일이죠. 나머지 하나는 지금 알론다Alonda가 이끌고 있는 먹이 공유 활동이에요."

레나는 알론다의 원 주위에 몇 개의 원을 더 그렸다.

"그리고 각각의 그룹에는 진행 중인 몇 가지 활동이 있어요. 내가 그걸 일일이 체크할 순 없어요. 그렇게 할 생각도 없고요. 이 활동들은… 그러니까, 누구나 주도할 수 있어요. 나는 열정과 비전을 품은 이들을 발견할 때마다 자주 놀라곤 해요."

"당신도 알다시피 각 그룹들은 그들의 리더를 뽑아요. 그리고 당신은 원하는 그룹은 어디든 들어갈 수 있죠."

나디아는 그림을 보면서 레나가 한 말을 되새겨 보았다. 그동안 살면서 경험해온 것에 비추어보면 이해하기 힘들었다. 하지만 매우 합리적이었다.

땅거미가 내려앉기 직전에 독수리의 공격과 굶주림으로 무리가 파괴되어 떠돌아다니던 두 마리의 미어캣이 도착했다. 그들은 이 무리에서 일어난 일들을 보고 듣고는 나디아만큼 놀란 눈치였다. 그들 중 하나는 즉시 자신의 다른 동료들을 찾으러 떠났다.

이런 식으로 레나의 무리는 점점 더 커졌다. 그것도 아주 빠르게. 안전하고 풍부한 먹이, 좋은 분위기 속에서 많은 새끼 미어캣들이 속속 태어났다. 소문이 퍼져나가 떠돌아다니던 다른 미어캣들이 이들을 찾아왔다. 열둘이던 그룹은 나디아가 왔을 때 스물이 되었고 순식간에 서른이 되었다.

나디아, 에이요, 매트는 이내 그룹의 중요한 구성원이 되었다. 하지만 자신들이 찾던 것을 발견한 매트와 에이요와는 다르게 나디아는 어서 빨리 고향으로 돌아가 여기서 배운 바를 나누고 싶다는 생각이 간절했다.

그 어떤 네모, 선, 절차, 알파·베타 없이 어디서든 발휘될 수 있는 리더십의 힘과 열정, 비전, 자발성, 그리고 창의력에 대해서 말이다. 또한 굉장한 속도로 완전히 새롭고 알지 못했던 도전들을 다루는 방법에 대해서도.

레나의 무리는 점점 더 빠르게 성장해갔다. 구성원이 50이 되는 시점이 되자… 문제가 발생했다.

1. 이 책의 원서 제목은 "그건 우리가 하는 방식이 아니야(That's Not How We Do It Here)"이다. 에이요가 나무 높이 올라가서 발견한 경비에 관한 새로운 아이디어를 제안했을 때, 니콜라스가 반대 의견을 표시하면서 했던 말이기도 하고 나디아가 조직을 떠나 떠돌이 생활을 하다 만난 새로운 미어캣 조직의 회의 과정에서 그 누구도 다른 이에게 무엇을 하라고 명령할 권리는 없다고 하면서 한 말이기도 하다. 즉, 전자는 새로운 아이디어 제안에 대한 반대 의견을 제시할 때 쓴 말이고 후자는 그 누구도 명령하고 지시하지 못한다는 의미로 쓰였다. 여러분의 조직에서는 이 두 가지 중에서 어떤 말이 자주 사용되는지 구체적인 사례를 들어 토론해본다.

2. 예전 조직의 운영 방식에 염증을 느낀 나디아와 에이요는 떠돌이 생활을 하다 우연히 만난 새로운 미어캣 무리의 조직 운영 방식에 놀라움을 금치 못한다. 바로 레나라는 미어캣 리더가 운영하는 조직 운영 방식이다. 예전 조직과 레나의 운영 방식을 비교하고 장단점을 분석하면서 여러분의 조직의 사례에 비추어 토론해본다.

3. 극심한 환경 변화로 전대미문의 위기가 조직을 위협하는 상황에서 니콜라스의 관리 방식과 레나의 리더십 방식이 어떻게 조화를 이루어야 하는지를 토론해본다. 니콜라스가 없는 레나의 운영 방식과 레나가 없는 니콜라스만의 조직 운영 방식이 갖는 한계나 문제점도 같이 토론해본다.

4. 레나가 이끄는 회의 운영 방식에 왜 팀원들은 열광하고 열정적으로 몰입하면서 건설적인 의견을 개진하고 적극적으로 참여하는지, 어떤 요인들이 그들로 하여금 신나는 회의를 하고 자발적인 참여의지를 불러일으켰는지, 여러분 조직의 회의 운영 사례에 비추어 비판적으로 논의해본다.

04

성장과 함께
찾아온 문제

매트는 굴의 세부 지도를 만들기로 했다. 거기에는 제대로 유지되지 않는 곳과 늘어나는 무리들을 수용할 만한 충분한 지하 터널이 마련되어 있지 않은 지역이 표시되었다. 매트는 지도 제작, 계산, 굴의 설계 등 지적으로 도전하는 일에 흥미를 보이는 무리의 몇몇 구성원들을 발견했다. 하지만 매일 아침 8시 정각에 모여 터널을 파고 정비하는 일을 도울 지원자를 요청하자 반응이 신통치 않았다.

"매일 아침 8시 정각이요? 8시라? 나도 돕고 싶어요. 하지만…."

"세부적인 계획에 따라서 터널을 파고 정비해야 하나요? 글쎄, 매트, 이건 내가 할 수 있는 일이 아닌 것 같아요."

또한 매트는 에이요의 도움으로, 경비업무에 대해 가능한 상세히 파악해보았다. 미어캣들은 서로를 보호하는 것에 온 힘을 쏟았지만 그들의 수고에 비해 효과가 크지 않았다. 그리고 굴의 경우보다는 좀 더 많은 이들이 에이요가 경비방법을 계획하는 것을 도우려 했지만, 대개 일정대로 밤에 경비를 서고("지겹기 그지없다!") 지시를 따르는 이들은⋯ 많지 않았다.

에이요와 매트는 레나를 찾아갔다.

"레나, 우리는 무리의 안전이 걱정됩니다. 우리 무리는 이제 꽤나 커져서 눈에 띄기 쉬워요. 무리를 보호하기 위해서 셋, 넷이면 더 좋고요. 밤이건 낮이건 가리지 않고 경비업무를 맡을 훈련된 이들이 필요합니다. 그들은 지정된 장소에 있어야 하고 일정대로 착착 움직여야만 해요. '모두가 모두를 지켜준다'는 아이디어는 이제 더 이상 맞지 않아요."

레나는 매트가 토로하는 문제들에 대해서도 잠자코 듣고 있었다. 미어캣들이 굴을 파고 보수하는 일을 해야 하는데 제시간에 나타나지 않는다는 것이었다. 설명이 끝나자 그녀는 입을 열었다.

"자, 보세요. 에이요, 매트, 삶은 우리에게 좋은 것이에요. 심한 가뭄에도 세 마리나 새끼가 태어났고 거의 매일 새로운 미어캣들이 우리 무리에 합류하고 있어요. 당신들은 지나치게 걱정을 하는 것 같네요."

레나는 비록 말은 안 했지만, 아직 하고 있지는 않거나 혹은 매일같이 수행해야 하는 일에 대한 걱정이 점점 늘어나는 것을 깨닫기 시작했다. 그녀는 경비와 굴에 대해서는 에이요와 매트가 주요 쟁점을 추려낼 수 있도록 리더십을 좀 더 발휘하기를 바랐다. 하지만 그들을 비판하거나 헌신과 열정을 깎아내릴 생각은 추호도 없었다. 오히려 그녀 특유의 당신은 할 수 있다는 메시지를 담은 격려의 말을 아끼지 않았다.

주간 모임에서 레나는 무리가 추구하는 이상에 대해 이야기했다. 평소와 마찬가지로 무리를 고무했지만 그 자리에는 그런 대화가 필요 없는 이들이 더 많았다. 왜냐하면 그 모임은 '원하는 것'에 대한 자리였는데, 그녀의 이야기를 들어야 하는 이들 중 대부분이 자리를 비웠기 때문이다.

그로부터 수일 동안 기존의 구성원들과 새로이 합류한 이들, 매트와 비슷한 미어캣들과 매트와 다른 미어캣들, 주는 이

들과 받는 이들 사이의 긴장감은 훨씬 더 커졌다.

수많은 미어캣들 사이에서 조율이 필요한 모든 것은 어느 것 하나 제대로 된 것이 없거나, 일처리를 잘하지 못하는 자신들의 무능함에 서로 점점 지쳐가는 그룹 안에서 끝없는 논의만 이어질 뿐이었다. 심지어 도우려고 하는 이들도 무엇을 해야 할지 전혀 모르거나, 그저 이미 다들 알고 있는 특정 방식으로 해야 하는 일들에 엄청난 시간과 창의력을 허비하고 있었다.

나디아, 에이요, 매트, 그리고 타무는 레나를 찾아가 논의가

필요하다고 말했다. 레나가 무엇이 그들을 힘들게 하는지 묻자
─그리고 분명히 그들을 힘들게 하는 것이 있었다─그들은 대
답했다.

- 처음에는 분명히 벌레 농장에 열광했지만, 타무는 일상적인 일
  을 처리할 만한 자원자들을 구하기가 점점 더 어렵다는 것을
  알았다. 사실 그런 일들이 항상 즐겁지는 않기 때문이다. 그래
  서 그는 농장 일을 하는 데 너무나 많은 시간을 쓰게 되었고 지
  쳐가고 있었다.
- 나디아는 새로 태어난 아이들을 돌보겠다고 자원한 무리의 몇
  몇은 그 역할에 적합하지 않다고 보고했다. 하지만 누가 그들에
  게 그 말을 해야 할까? 누가 그런 말을 할 권리가 있는가?
- 매트는 레나와 다른 이들에게 최선을 다해서 노력하고 있음에
  도 굴의 취약성은 만성적인 문제를 안고 있다고 설명했다. 보아
  하니 아무도 굴을 만들고 보수하기를 원하지 않았고, 그 일을
  할 수 있는 기술조차 없었다.
- 그리고 에이요는 레나에게 단도직입적으로 "당신은 내가 안전
  과 경비에 대해 어떻게 생각하는지 알고 있잖아요"라고 말했다.

이 외에도 여러 가지 불만이 나왔다. 레나는 잠자코 듣고 있다가 한숨을 쉬고는 말했다.

"내가 몇몇 친구들과 이 무리를 만들었을 때는 우리 모두 각자 리더와 섬기는 이가 되는 그림을 그렸어요. 우리는 마음속의 깊은 열망을 서로에게 매일 보여주었고 우리가 될 수 있는 최선의 모습이 되었습니다."

그녀는 감정이 북받쳐 잠시 말을 멈췄다.

"당신들은 이렇게 하는 것이 가치가 있고 옳은 일이라 생각하나요?"

모두들 그 말에 수긍은 하지만 뭔가 개운하지 않다는 얼굴로 천천히 고개를 끄덕였다. 그러자 레나는 무리와 그들의 강인한 정신력이 무리의 규모가 커지면서 자연적으로 생겨나는 문제들을 극복해나갈 것이라고 어떻게 확신하는지 설명했다.

나디아, 에이요, 매트와 타무는 다소 낙관적인 기분이 되어 돌아갔다. 이들은 어떻게 레나가 어쨌든 문제에 압도되지 않고 다시금 자신감을 북돋울 수 있는지 그저 궁금할 따름이었다.

드디어 비가 내린다

며칠 동안 매트는 나디아와 자주 이야기를 나누었다. 굴을 연구하면 할수록 점점 더 놀라웠다. 그날 밤부터 그는 다시 문제 해결 방법을 생각하느라 쉽게 잠을 이루지 못했다. 처음에 어딘가에서 투둑, 투둑 하는 소리가 들렸을 때는 무슨 소리인지 바로 알아차리지 못했다. 그러다가 그 소리는 점점 커지더니 사방에 가득 울려 퍼졌다.

비가 내리는 소리였다.

매트는 뛰쳐나갔다. 빗줄기가 메마른 땅에 얼마나 빨리 스며드는지 바라보았다. 하지만 빗물은 곧바로 스며들지 못하고 넘쳐나고 있었다. 매트는 침착한 성격이긴 하지만 이내 틀림없이 끔찍한 일이 벌어질 거라는 직감이 들었다. 빗물은 순식간에 굴로 빨려 들어갔다. 일부 터널이 취약한 상태라 빗물이 덮치면 분명히 무너질 것이다.

"비 온다! 일어나! 밖으로 나가!"

그는 굴속으로 뛰어 들어가며 소리쳤다.

미어캣들은 아이들을 끌고 재빨리 밖으로 뛰쳐나왔다. 아이들은 아직 어려 여태껏 한 번도 비를 본 적이 없어서 무슨 일이 벌어지는지 알 리가 없었다. 매트는 다른 굴에도 알리기 위해

뛰어갔다. 하지만 이미 너무도 늦어 버렸다. 터널이 무너지고,
굴속에 순식간에 물이 차올라 자고 있던 미어캣들은 꼼짝없이
갇혀 버렸다.

"도와주세요! 도와주세요!"

매트는 소리를 질렀다. 미어캣들이 빠르게 그 주위로 모여
들었고 물 때문에 출입구가 막혀 버린 굴과 연결할 터널을 파
기 시작했다. 매트는 만들어둔 지도 덕분에 가장 빠르고 정확
한 경로를 파악할 수 있었다. 하지만 미어캣들이 아직 중심 동
굴에 있을지 아니면 아직 무너지지 않은 터널로 피했는지는 확

실하지 않았다. 마침내 굴속에서 겁에 질린 비명소리가 들려왔다. 다행히 그들은 제대로 길을 찾은 것이다. 얼마 안 있어 죽음의 공포에 질려 있던 미어캣들은 자신들을 구조하러 온 녹초가 된 미어캣들과 포옹할 수 있었다.

매트는 양쪽에서 비명소리가 들려오자 아직도 겁에 질려 떨고 있지만 기쁨에 겨워하는 미어캣을 품에서 밀어냈다.

"자! 아직 더 구해야 해!"

그는 주위에 있는 미어캣들을 큰 소리로 독려했다.

목숨이 위험할 수도 있는 상황에서 동료들과 함께 매트는 계속해서 구조작업을 했다. 미어캣 여섯 마리를 더 구했다. 하지만 굴은 엉망이 되었다. 구조적인 결함 때문에 피해가 막대했다.

그날 밤 일곱 마리의 미어캣이 죽었고 살아남은 이들은 망연자실했다.

다음날, 미어캣들은 서로 붙어 있거나 삼삼오오 모여 앉아서 조용히 이야기를 나누었다. 너무나 슬프고 비통했다. 하지만 더욱 심각한 점은, 지난 몇 주 동안 증폭되던 긴장이 드디어 폭발했다는 것이다. 다들 본격적으로 비난할 대상을 찾기 시작했다.

무리의 초창기 멤버들은 비록 규모는 작았어도 모두 진심으로 서로를 돌보던 좋았던 옛 시절을 그리워했다. 그들은 최근 무리에 새로 들어온 이들을 비난했다.

"우리는 더 이상 예전의 모습이 아니라고. 모두 그들 때문이야. 그만 떠나야 한다고!"

'일꾼'들은 말은 번지르르하게 하면서도 현장에 얼굴 한번 내밀지 않은 이들을 비난했다.

"다른 이들 몫까지 떠맡는 건 이제 지쳤어요. 자원 아이디어는 말도 안 되는 생각이에요. 현실성이 떨어진다고요!"

다른 이들은 누군가 이 혼란스러운 상황을 책임지고 나서서 강력하게 통제함으로써 혼돈 속에서 질서를 찾아줄 필요성에 대해 논의했다.

레나도 그 기로에 놓여 있었다. 내색하지 않으려 했지만 무리가 어떻게 운영되어야 하는지에 대한 그녀의 비전이 무너지고 벌어진 일들을 설명할 길이 없어 그녀는 흔들리고 있었다.

나디아는 아직도 믿기지 않았다. 눈앞에서 자신의 세상이 산산조각 난 것이다. 다리에 힘이 풀려 그만 주저앉았다. 시간은 흘러갔다. 한 시간. 두 시간. 나디아는 만감이 교차했다. 무리의 대부분은 혼란스럽고 슬퍼하며 낙심했다.

그녀가 아주 빨리 배울 수 있었던 모든 것. 어린 아이들에게서도 느낄 수 있었던 사랑, 에너지, 열정, 비전, 그리고 리더십. 무리를 운영하는 더 나은 방법이라 확신했는데… 완전히 실패하고 말았다.

대체 이유가 뭘까? 그녀가 처음 합류했을 때는 소규모였지만 지금은 너무 커져 버렸다. 나디아는 자신의 오빠와 매트가 계속 얘기했던 훈련과 구조, 그리고 규칙이 아주 중요하다는 점과 이곳에선 그게 없어서 실패한 게 아닐까 생각했다. 하지만 미어캣-관리도 자신의 고향에서는 실패하지 않았던가!

그때 불현듯 좋은 생각이 떠올랐다.

1. 한때 혁신적인 조직이었던 레나가 이끄는 미어캣 무리에 갑작스러운 비가 굴을 덮치면서 생각하지도 못한 위기가 발생했다. 여러분이 생각하는 레나의 조직이 직면한 위기의 본질과 근본 원인은 무엇인가? 리더십의 위기, 관리력의 부재, 현실에 안주하려는 조직문화의 문제, 매너리즘에 빠진 구성원의 타성 등 다양한 문제를 제기해보고 그 원인과 대책에 대해 논의해본다.

2. 여러분의 조직에도 예기치 못한 변화가 일어났다고 가정해보자. 레나, 나디아, 에이요 등의 미어캣과 같은 역할을 하는 구성원이 여러분의 조직에 있다고 생각할 때 그들은 각자 어떤 역할을 하는 것이 바람직한지, 이들은 어떤 방식으로 팀원들을 위기 극복 과정에 동참시킬 것인지, 사례나 시나리오를 기반으로 논의해본다.

3. 레나가 지금의 위기를 극복하기 위해서 가장 시급하게 취해야 할 조치는 무엇이라고 생각하는가? 여러분이 경영컨설턴트라고 가정한다면 우선 어떤 노력을 기울일 것이며, 레나에게 해줄 수 있는 조언이나 지침은

무엇이라고 생각하는지 토론해본다.

4. 조직의 진정한 위기는 과거를 답습하려는 관성과 이정도면 됐다고 생각
하는 자만이다. 상황이 판이하게 바뀌었음에도 과거의 성공체험을 잊어
버리지 않고 반복해서 적용하려는 어리석음 역시 조직을 심각한 위기로
빠뜨리는 장본인이 될 수 있다. 과연 여러분의 조직은 이런 문제 제기에
어떤 정도와 수준인지 논의해본다.

05

위기 속에서
발견한 기회

다음날 아침은 밝고 청명했다. 나디아의 마음처럼.

"레나, 얘기 좀 하고 싶어요."

나디아는 커뮤니티 나무 아래에 있는 레나를 발견하고는 말을 걸었다.

화가 나 있던 레나는 나디아에게 앉으라고 했다. 나디아는 그녀를 보며 말했다.

"당신은 굉장히 훌륭한 리더예요, 레나. 진심이에요."

레나는 시선을 내리깔며 자신의 손을 보았다.

"당신은 정말 따뜻하군요, 나디아. 하지만 상황을 보면…."

나디아는 레나가 다시 고개를 들 때까지 부드럽게 어깨를 토닥였다.

"당신이 지금까지 내가 만난 어떤 미어캣보다 남을 지지하고 영감을 주는 분이라는 건 분명한 사실이에요."

둘은 서로를 바라보았다. 곧이어 레나는 부드럽게 말했다.

"고마워요, 나디아. 당신의 말이 큰 의미로 다가오네요."

"우리가 무리에 합류했을 때, 나는 대번에 당신이 만든 이곳의 정신에 사로잡혔어요. 그것은 우리 중 많은 이들에게서 최선을 다하는 노력을 이끌어냈고 벌레 농장과 먹이 공유와 같은 놀라운 일을 할 수 있게 만들었죠. 그것도 아주 순식간에 말이에요."

나디아가 말을 이었다.

"그건 내가 한 게 아니에요, 나디아."

레나는 슬그머니 나디아의 말을 끊었다.

"우리가 그렸던 이상과 비전 덕분이에요. 우리 모두가 그것에 대한 열정적인 믿음을 갖고 함께해온 덕이지요. 그리고 두려움을 모르는 에너지와 창의력도 한몫했어요. 여러 장애물과 시련을 이기고 동료들이 낙관적인 태도를 잃지 않도록 나는 그저 이따금씩 격려했을 뿐이에요."

레나는 왜 모든 것이 잘못되었는지 생각하느라 뜬 눈으로 밤을 새웠지만 나디아는 더 바람직한 의문을 품었다.

나디아는 천천히 본론을 꺼냈다.

"붕괴 조짐이 언제부터 있었다고 보나요?"

레나는 기분이 상하고 추궁당하는 기분이 들었지만 내색하지 않았다.

"뒤늦게 깨달았어요. 아마 무리의 구성원이 30마리 혹은 그 이상 되었을 때겠죠. 25마리가 넘어가면 무리를 훌륭하게 이끄는 건 어려운 것 같아요."

레나가 말했다.

다 맞는 말이긴 했지만 나디아는 고개를 내저었다.

"제가 살던 곳은 150마리나 되었는걸요! 그런데 우리는 굴이 한 번도 무너지지 않았고 방치된 경비구역도 없었고 적합한 이들이 새끼를 돌보는 일을 했어요. 각자가 무리의 일원이 되어 역할을 맡아 기여했어요. 게다가 일도 잘 해냈어요!"

나디아는 땅에다가 레나의 원을 그렸다.

"이 원들과 내포된 원리만으로는 그것을 달성할 수 없어요. 물론 우리가 행동하고 엄청난 에너지와 종종 굉장한 속도로 혁신을 이루게끔 동기부여를 하겠지만, 대규모의 무리가 일상적인 일을 확실히 처리할 수 있게 만들어주는지는 확신이 서지 않네요."

나디아는 레나의 원 그림 옆에 선과 네모를 그리고는 얼마 전 관리에 대해 니콜라스에게서 들은 얘기를 해주었다.

레나는 잠자코 듣고 있었다. 그녀는 강렬한 눈빛으로 새로운 그림을 보았다. 나디아가 이야기하는 동안 가볍게 고개를 끄덕이기도 했다. 그녀의 표정에서 그녀가 이 새로운 생각들에 굉장한 흥미를 느끼고 있으며 적어도 그렇게 해볼 생각이 있다는 걸 알 수 있었다.

나디아의 고향은 레나가 사라고 띠나온 곳과 비슷해 보였다. 하지만 나디아 무리의 방법이 더 논리적이고 정교하며 객관적이었다. 규칙은 명확하게 타당했고 지도층도 마땅히 그 자리에 어울리는 이들이었다.

나디아가 니콜라스의 논리에 대해 설명하자 레나는 땅에 그려진 두 개의 그림을 가리키며 이어질 이야기를 기대했다.

"하지만 서로 다른 이들이 어떻게 함께할 수 있었죠?"

나디아는 잠시 생각했다.

"레나, 당신은 창의적이고 새로운, 그러니까 심지어 미친 소리처럼 들리는 아이디어들도 기꺼이 수용할 수 있나요?"

"그러고 싶죠."

레나는 대답했다.

나디아의 눈이 동그래졌다.

"그러고 싶다니요! 당신은 이미 그런 분이에요! 이미 일을 수행하기에 충분한 훈련과 계획이 마련돼 있지 않나요?"

레나는 멈칫하더니 대답했다.

"내가 알고 있는 몇몇 미어캣들만큼은 아니지만, 그렇다고 할 수 있어요."

레나는 대답하면서 이내 뭔가를 깨달았다.

"당신 말은 미어캣 개개인이 창의적인 동시에 훈련이 되어 있다면, 적어도 어느 정도, 그렇다면 무리도 그럴 수 있다는 건 가요?"

그녀는 두 개의 그림을 가리키며 말했다.

나디아는 고개를 끄덕였다.

"하지만 하루 종일 당신이 말하는 '관리'라는 일을 해야 한다면 난 완전히 지쳐 버릴 거예요. 아니면 미쳐 버리든가."

레나가 말했다.

"왜 당신이 해야만 한나고 생각하는 기쵸?"

나디아는 웃으며 물었다.

"당신은 혼자서 모든 것을 아주 훌륭히 해내는 재능을 가진 미어캣을 본 적이 있나요? 나는 없어요. 하지만 때때로 우리는 많은 것을 해내죠. 함께 말이에요."

레나는 이미 그 생각을 좇아가고 있었다. 아주 다른 두 유형이 각자의 한계는 극복하고 강점을 강화하게끔 어떻게 함께 일할 수 있을지, 어려운 질문들이 그녀의 머릿속에 가득했다. 하지만 삶에서 모든 대답을 알 필요는 없다. 그저 올바른 방향만 있으면 된다.

"나디아, 당신은 내가 이것을 할 수 있도록 도울 수 있나요?"

나디아는 곤란해하며 대답했다.

"나는 할 수 없어요, 레나. 내겐 그럴 만한 역량이 없어요. 이제 고향으로 돌아가서 내가 발견한 것들을 알려주려고 해요. 내가 당신과 이곳의 다른 미어캣들을 얼마나 걱정하는지 알아주었으면 해요. 나는 적어도 나를 길러준 이들을 도와야 한다고 생각해요. 그리고 무엇보다 오빠가 너무나 그리워요. 게다가 당신은 이미 이곳에 필요한 이를 얻었어요."

나디아는 주위를 둘러보고는, 곧 자신이 찾는 이를 발견했다. 레나도 나디아의 시선을 좇아갔다.

"매트?"

레나가 물었다.

"물론이에요. 그는 환상적인 관리자이며 현명해서 이 아이디어를 충분히 이해할 거예요."

나디아는 두 개의 그림을 가리키며 이렇게 덧붙였다.

"그는 당신을 굉장히 존경하고 있어요. 당신도 역시 그를 존경하고 있다고 생각해요."

잠시 침묵이 흘렀다. 이윽고 레나가 물었다.

"하지만 나는 이렇게 운영되는 무리는 본 적이 없어요. 당신은 있나요?"

나디아가 웃었다.

"그럼 당신은 이전에 벌레 농장은 몇 번이나 봤죠?"

또 한 번의 침묵이 흐르고, 레나도 웃었다. 그리고 언제 떠날 건지 물었다.

"오늘 밤에요."

나디아가 대답했다.

레나는 한숨을 쉬었지만 이내 따뜻한 미소를 지어 보였다.

"행운을 빌게요. 정말 고마웠어요. 원하면 언제든 돌아와요. 언제나 환영이랍니다."

둘은 꽤 긴 시간 동안 서로를 끌어안았다. 그리고 나서 나디아는 돌아갔다.

위기가 주고 간 선물, 커다란 기회

"난 너랑 갈 거야."

에이요가 말했다.

"그렇지만 넌 여기서 변화를 만들었잖아. 레나와 매트를 도울 수 있을 거야. 네 앞에 엄청난 미래가 펼쳐질 텐데…."

나디아가 대답했다.

에이요는 나디아의 말을 가로챘다.

"네가 고향으로 돌아가 버린다면 여기에서의 내 미래도 비참할 뿐이야. 아직 모르나 본데, 네가 없으면 나는 어디에서도 행복하지 않아!"

에이요는 화가 나서 자기도 모르게 목소리가 커졌다.

나디아는 순간 입을 다물고는 다소 놀란 표정으로 에이요를 쳐다보았다. 그러고는 이내 환하게 웃었다.

"알았어….'

"이제 우리 어떻게 할까?"

에이요가 물었다.

그녀는 생각했다.

"다시 밤에 길을 떠나야겠지. 어두워지면 바로 커뮤니티 나무 아래서 만나자."

에이요는 알았다는 뜻으로 고개를 끄덕였다.

나디아가 계속 말했다.

"나는 이제 가봐야 해. 친구들에게 작별인사를 하고 우리와 함께 가고 싶은 이들이 있는지 보려고. 너도 가서 그렇게 해줬으면 해."

에이요도 그렇게 했다. 해가 지고 눈물겨운 작별인사를 나눈 후 이런저런 이유로 그들과 함께 가고 싶어 하는 몇몇 이들과 길을 떠났다.

그들은 나디아와 에이요가 전에 지나왔던 길을 빠르게 되짚어가면서 동쪽으로 이동했다. 그들은 운이 다한 무리가 살았던 곳을 지나갔다. 그곳에는 아무도 없었다. 단 한 마리의 미어캣도 없었다. 정말 참담한 광경이었다.

"좀 더 빨리 움직이자."

다들 나디아의 말에 따랐다.

다음날 새벽, 그들은 한 무리의 떠돌이들이 다가오는 섯을 보았다. 가까워졌을 때 나디아는 그들이 떠돌이가 아니라는 것을 알아차렸다. 경비대원들과 니콜라스였다!

오빠와 동생은 미친 듯이 달려가 와락 끌어안았다. 감격스러운 재회였다. 서로를 따뜻하게 맞이하며 무사하다는 걸 알고 깊이 안도했다. 그러나 그것도 잠시, 니콜라스는 뒤로 물러서며 불같이 화를 냈다.

"무슨 이유로 무리에서 나갔던 거야? 대체 어디에 있었어? 죽은 줄 알고 얼마나 걱정했는지 알아!"

니콜라스는 나디아와 에이요와 함께 있는 한 무리의 미어캣들을 바라보았다.

"저들은 누구야?"

나디아가 말했다.

"내가 다 설명할게. 하지만 그전에 고향에서 무슨 일이 일어난 건지 말해줘."

니콜라스는 차근차근 설명했다. 독수리는 계속 공격했고, 가뭄도 심각해졌다. 더군다나 이미 무력해진 무리는 모래 폭풍 때문에 이틀이나 굴속에 갇혀 있었다. 전례 없는 일이라 모래 폭풍에 대처할 방법이 없었다. 문제를 해결하지 못하는 무리의 무능함과 함께 새로운 위험들은 그들을 배고픔, 분노, 그리고 불안의 소용돌이로 몰아넣었다. 무리는 더 이상 성장하지 못했고 실제로 규모는 줄어들었다.

"일부 성공한 것도 있어. 다 실패한 것은 아니야. 독수리의 공격에 대처하는 방법 몇 가지는 터득했지. 이제 서서히 나아지고 있어."

니콜라스가 말했다. '서서히'라는 말 속에는 슬픔과 분노, 그리고 좌절이 담겨 있었다.

니콜라스는 에이요를 쳐다보았다.

"몇 주 전에 요원 중 한 명이 네가 전에 얘기했던 나무 꼭대기에서 살펴보는 방법에 대해 얘기하더군. 하루 종일은 아니지만 오랫동안 그렇게 하도록 지시했지."

니콜라스는 이유가 어찌됐든 간에 몇몇 요원들이 그가 지시하는 새로운 방식을 따르지 않아 당황했었다.

"네 아이디어는 변화를 가져왔어, 에이요."

에이요는 활짝 웃었다. 내색하지는 않았지만 자신의 획기적인 아이디어가 마침내 무리에 도움이 되었다고 생각하니 기분이 날아갈 것 같았다.

가뭄 해갈은 되었지만 실패의 경험은 알파 중 하나(모로)와 니콜라스, 그리고 크게 타격을 입은 가족 책임자 둘의 기슴에 남아 있었다. 그들은 무엇을 놓친 것일까? 그리고 훨씬 더 심각한 점은 무리의 몇몇은 더 이상 심각한 위기는 없으며 다 잘 돌아갈 것처럼 행동한다는 사실이었다. 자신들이 경험한 바를 반영할 필요가 없는 것처럼 말이다.

"우리에게 해결책이 있어."

나디아가 니콜라스에게 말했다. 그 말에 니콜라스는 눈이 휘둥그레졌다.

"정말이야?"

"응, 정말이야."

"어서 얘기해봐."

"나중에, 다들 어떨지 모르겠는데 밤새 걸었더니 나는 배가 고파. 잠도 좀 자야 해. 그런 다음에 얘기할게."

나디아는 함께 길을 떠나온 이들을 돌아보며 그들의 눈빛도 같은 생각이라는 것을 읽었다. 그녀는 각자 바삭바삭한 벌레, 전갈 따위를 찾아 흩어지기 전에 말했다.

"우리는 아직 가야 할 길이 멀어. 최대한 체력을 길러야 해. 같이 가다 보면 가장 느린 이에게 속도를 맞출 수밖에 없어. 우리는 레나의 무리에서 각자 먹고 남는 먹이를 공유하는 게 전체를 위한 일이라는 걸 배웠어."

니콜라스와 경비요원들은 나디아가 무슨 말을 하는지 도통 알아듣지 못하겠다는 표정을 지었다.

"내 친구들은 자기들이 잡은 걸 가져올 거야. 먹이 사냥이 시원치 않은 이들에게 나누어주려고 말이야. 오빠도 원하면 그렇게 해도 돼."

니콜라스와 경비요원들 입장에서는 이런 생각이 급진적인 것으로 보였다. 경비요원들은 니콜라스의 의중을 파악하기 위해 그를 쳐다보았고 니콜라스는 가볍게 고개를 끄덕였다. 한 시간 뒤에 그들은 다시 모여 자신들이 잡은 먹이를 함께 나누어 먹으며 이야기를 하고 간간이 웃기도 했다.

니콜라스가 잠시 눈을 붙인 뒤 굴 밖으로 나오니 나디아는 벌써 나무 아래에 앉아 있었다.

"기분은 좀 어때?"

니콜라스는 사랑하는 어린 동생에게 물었다.

"오빠를 다시 만나 너무너무 행복해. 정말 보고 싶었어."

나디아는 잠시 쉬었다 말을 이었다.

"나는 알파, 베타, 그리고… 그러니까 무리의 다른 이들에게 배운 것을 설명해야만 해. 그런데 어떻게 시작해야 할지 전혀 모르겠어."

"나에게 먼저 해보는 건 어떨까?"

니콜라스가 그녀 옆으로 다가앉으며 말했다. 그는 늘 동생의 의견을 존중했지만 좀 더 자세히 들여다보면 과연 자신의 어린 동생이 굉장히 어려운 이 상황에 대한 마법 같은 해결책을 찾았을까 하는 의구심도 들었다.

"나에게 잘 설명할 수 있다면, 다른 이들도 큰 어려움 없이 알아들을 수 있을 거야."

나디아는 용기를 내어 이야기를 시작했다.

"오빠는 정말 훌륭한 관리자야. 내가 알고 있는 이들 중에서 최고야."

그는 어깨가 으쓱해졌다.

"무리에는 훌륭하지는 않지만 적어도 좋은 관리자들도 있어. 하지만…."

나디아는 잠시 멈췄다가 다시 말을 이었다.

"오빠는 우리의 문제가 어디에서부터 시작된 거 같아?"

니콜라스는 곰곰이 생각한 뒤 말했다.

"내 생각에는, 독수리와 더 많은 뱀들이 나타나고 가뭄이 심해졌을 때가 아닐까. 이 모든 게 너무 빠르게, 그것도 갑자기 들이닥쳤지. 이런 경우는 정말로 처음이었으니까 말이야."

나디아는 니콜라스의 팔을 잡으며 말했다.

"내가 머물렀던 곳은 레나의 무리였어. 거기도 우리와 비슷한 문제를 겪고 있었어. 길게 가지는 못했지만 굉장히 훌륭하게 해냈지. 창의적이고 빠르게. 정말 대단했어."

그녀는 땅에 니콜라스의 그림을 그렸다.

"이 네모와 선, 베타와 알파, 규칙과 절차, 측정과 백분율로는 그들이 해낸 것들을 이룰 수가 없어. 방법도 모르겠고. 우리의 생활 방식은 큰 무리를 돕고… 잘 운영하도록 꾸려졌지. 매일 일상적인 일들을 해내려면 마땅히 따라야 하는 방식이 있지. 그것도 늘 한결같이 말이야. 나는 이제 이것들이 그저 우연히 일어난 게 아니라는 걸 명확히 알았어. 만약 60마리, 아니면 100마리, 200마리 규모의 무리를 이끌려면 오빠는 더 현명하고 제대로 훈련이 되어 있어야 해. 그런데 유감스럽지만 오빠, 우리는 새롭고 예상치 못했던 일들, 특히 너무 많은 것들이 숨 쉴 틈 없이 들이닥쳤을 때는 대처 능력이 그야말로 형편없었지."

니콜라스는 그 말에 조금 상처를 받았다. 하지만 최근 그가 경험한 것을 돌아보면 나디아의 말에 반박을 할 수가 없었다.

이어서 나디아는 레나의 원을 그렸고 무리의 운영 방식에 대해서 자신이 배운 바를 설명했다. 리더십에 대해 많은 이야기를 했다. 알파가 발휘하는 리더십이 아니라 모두에 의한 리더십에 대해서 말이다. 니콜라스는 나디아의 설명을 제대로 이해하려고 열심히 귀를 기울였지만 잘 이해가 되지 않았다. 이와 같은 그림은 어디에서도 본 적이 없기 때문이다. 나디아는 두 개의 그림을 연결해 하나로 만들었다.

몇 시간 동안 그들은 쉬지 않고 대화를 나누었다. 니콜라스는 많은 질문을 했다.

"그러면 누구에게 실제적인 책임이 있는 거야? 만약에 경비

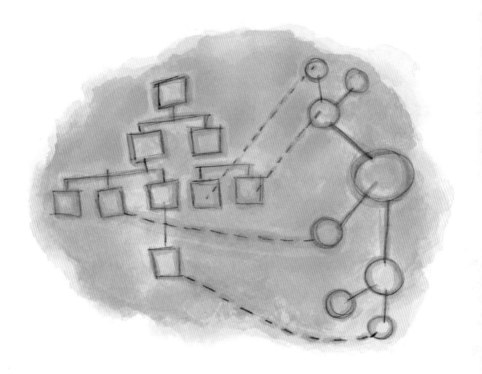

요원 중 하나가 이 '계획들'을 따르지 않거나 경비를 서지 않으면 어떻게 하지? 우린 이 모든 일들을 담당할 만큼 구성원이 많지 않아."

나디아는 가능한 한 최선의 대답을 제시하려고 애썼다. 하지만 솔직히 말하면 그녀의 대답은 추론일 뿐이었다. 왜냐하면 땅에 그린 그림이 실제로 실현된 것을 본 적이 없기 때문이다.

니콜라스는 먼 곳을 응시했다. 나디아가 물었다.

"무슨 생각을 하는 거야?"

니콜라스는 나디아를 돌아보고는 자기 머릿속에 떠오르는 생각을 나누어야 할지 말아야 할지 망설였다. 나디아는 머뭇거리는 오빠를 향해 단호하게 말했다.

"오빠, 내가 진실을 감당할 수 없을 것 같다고 해서 오빠의 어린 동생에게 거짓말을 할 때가 아니야."

니콜라스는 숨을 깊게 들이마신 뒤 입을 열었다.

"베타들, 그러니까 그들 중 대부분과 알파 중 적어도 하나는 백발백중 네 의견이 누리에 혼돈을 가져올 거라 여길 거야. 그들은 젊고 경험 없는 미어캣이 중요한 프로젝트를 맡아서 성공시키는 건 전적으로 불가능하다고 생각하거든. 그들은 절대 이런 방식을 따르지 않을 거야."

니콜라스는 원을 가리키며 말했다.

"누가 책임자가 될 것인지, 성공적으로 잘하고 있는지 아닌지를 보여주는 규정된 측정 방법이 명확히 제시되어 있지 않으면 말이야. 알파와 베타들, 그리고 몇몇이 이를 밀어붙인다 해도 통제하려 들 거야. 아니면 묵살하든지. 그들은…."

니콜라스는 여동생의 낙심한 표정을 보고 입을 다물었다.

이런 생각을 입 밖에 낸 것 자체가 그의 실수였다.

나디아는 눈을 감은 채 숨을 깊게 들이쉬었다. 잠시 후 다시 눈을 뜨고는 오빠에게 말했다.

"무리는 번창하고 성장하고 있어? 모래 폭풍이 들이닥쳤을 때는 얼마나 잘 대처한 거지? 오빠는 친구들이 안전할 거라 안심하면서 밤에 두 다리 뻗고 편안히 자? 무리는 오빠가 희망하고 꿈꾸는 바를 잘 따라오고 있어?"

그녀는 잠시 말을 끊었다가 계속했다.

"만약 다른 결과를 원한다면 늘 해오던 대로 하면서 그걸 얻을 수 있을까? 그저 열심히 한다고 말이야?"

니콜라스는 입을 다문 채 한참 동안 땅을 쳐다보았다. 가슴이 부풀어 오를 정도로 숨을 깊게 들이마시고는 여동생을 쳐다보며 말했다.

"그럼, 우리가 해야 할 중요한 일들이 많겠구나."

밤이 되자 그들은 다시 길을 떠났다. 다음날 아침 고향에 도착했다.

새로운 대안, 어떻게 설명하고 이해시킬 것인가?

나디아가 반가워 어쩔 줄 모르고 매달리는 아이들을 진정시키느라 정신없어 하는 동안 니콜라스는 바로 행동을 개시했다. 그는 세 명의 연장자들에게 나디아에게 들은 바를 간단히 설명했다. 니콜라스가 나디아를 찾으러 가겠다고 요청했을 때 가장 지지적인 태도를 보여주었던 이들로 한 알파(모로)와 가족 책임자 둘이었다. 이들은 반박하면서도 니콜라스의 얘기에 귀를 기울였다.

가족 책임자 둘은 계속해서 질문을 퍼부으며 모로를 쳐다보았다. 모로는 끝없이 펼쳐신 광활한 사막을 응시했다.

"무리의 대부분은 우리가 곧 회복되어 정상적인 생활로 돌아갈 거라 생각하는 것 같아."

그는 천천히 고개를 가로 저었다.

"하지만 나는 잘 모르겠어. 획기적인 것은 아니지만 뭔가 우리가 사는 세상이 바뀌고 있다는 조짐이 느껴져. 완전히 말이야. 만약 그렇다면…."

다음날 모로는 자신의 동료인 빅 보스 마라에게 전체 베타 회의를 소집해서 나디아의 얘기를 들어보자고 제안했다. 마라는 모로의 머리가 어떻게 되어 상태가 안 좋은 것 같다는 듯이 그를 빤히 바라보았다. 어리고 경험도 없는, 게다가 무리를 버리고 떠났던 미어캣의 이야기를 듣자는 말인가?! 하지만 모로는 부드럽지만 단호하게 주장했다. 마라는 큰 기대는 없었지만 이런 걸로 다투기 싫어서 결국 동의했다.

드디어 나디아에게 설명할 기회가 주어졌다. 모로, 마라, 그리고 베타 전체에게 아주 다른 두 개의 방식을 한 무리 안에서 잘 융화시켜 운영하는 것에 대해 이야기했다.

몇몇 미어캣들은 방해가 되지 않도록 멀찍이 떨어져서 매우 이례적인 이들의 대화를 엿듣기 위해 모여들었다. 처음에 서넛이던 그 수는 점점 늘어나 수십 마리가 되었고 이내 전체 어른의 절반과 몇몇 아이들도 이들을 에워쌌다. 두 알파가 화가 나서 다들 물러가라고 으르렁거리듯 말하자 모여들었던 무리들은 허둥지둥 흩어졌다. 마라는 자주 투덜거리기는 했어도 으르렁거리지는 않았다.

모로의 설명으로 회의가 시작되었다.

"우리는 모두 갑작스러운 공격과 기아의 위험 혹은 더 악화될 수 있는 상황에서 미어캣들을 보호하기 위해 갖은 노력을

기울였어요. 이 세상에서 혼자가 아님을 기억해야만 해요. 우리는 다행히 보금자리를 마련했고 먹이도 구할 수 있었어요. 기회가 있으면 잡으면 됩니다. 하지만 여기에 안주해서는 안됩니다. 우리들은 각자 매일 주어진 일을 수행하고 좀 더 개선하기 위해 노력하고 최고가 되기를 희망합니다."

모로는 베타들과 마라를 향해 이야기를 하고 있었지만 점점 몰려드는 무리에 신경이 쓰였다. 사실 자신이 말하는 내용은 모두 들을 필요가 있다고 생각했다.

"많은 분들이 알고 있듯이, 나디아는 이곳저곳을 떠돌아다니면서 흥미로운 교훈들을 얻어왔어요. 나디아의 이야기를 주의 깊게 들어보고 마라와 내가 이를 충분히 숙고할 수 있도록 도와주길 바랍니다."

니콜라스는 네모와 원으로 구성된 그림을 그렸고, 나디아는 여행 중에 겪었던 이야기를 시작했다. 우선 자신이 만났던 무리들에 대해 언급했다. 마지막으로 발견한 레나의 그룹에서 새로운 포식자들의 위협과 비가 부족한 상황에서도 어떻게 성장하고 발전할 수 있었는지 이야기했다. 하지만 결국 우리 무리에서 보유한—알파와 베타 들이 지닌—기술들이 없어서 일정 규모 이상으로 그룹이 커져 버리자 심각한 문제가 발생했다는 것도 빼놓지 않고 말했다.

'지금까지의 체험을 통해 깨달은 결정적인 위기 극복 방안'에 대한 이야기가 나오자, 베타 중 몇몇과 마라는 뭔지 알겠다는 듯 고개를 끄덕였다.

그러고 나서 나디아는 리더 서클에 대해서 설명했다. 에너지와 열정, 자원, 비전, 그리고 의지와 창조하고 변화시키는 능력, 벌레 농장, 먹이 공유. 그 무리가 어떻게 성장하고 발전할 수 있었는지—어느 수준까지—매우 빠르게 변하는 세상에서 자신들을 포함해 다른 모든 이들이 얼마나 애썼는지에 대해서도 이야기했다.

고개를 끄덕이던 몇몇 베타들과 마라는 다시 이해가 되지 않고 의심스럽다는 표정을 지었다.

모로는 열심히 귀를 기울였고, 심지어 중간 중간 긍정하기도 했다. 마라와는 완전히 다른 반응이었다. 하지만 모로는 그렇게 인내심이 뛰어나지 않아서 참을성 있게 "무슨 일이" 있었는지 혹은 무엇을 해야 하는지에 대한 이야기가 나올 때까지 기다리지 못했다. 급기야 "어떻게" 해야 하느냐고 다그치기 시작했다. 그들은 어떻게 이 교훈들을 받아들이고 위험을 초래하지 않으면서도 미어캣들이 이해할 수 있는 실제적인 방식으로 이끌어갈 수 있을까?

"벌레 농장부터 시작해보는 건 어때요?"

나디아가 불쑥 말을 내뱉었다. 무리는 필요한 만큼 먹이가 충분하지 않은 상황이었다. 나디아는 이것이 무리에게 일상적인 문제이자 기회가 될 거라 생각했다. 그러니까 즉각적인 도움이 될 수 있어서 아주 다른 방법으로도 문제를 해결할 수 있으며 효과가 있다는 것을 보여줄 수 있는 큰 기회가 될 거라 여겼다.

하던 대로나 잘 하라고?!

니콜라스는 격하게 고개를 끄덕이며 동생에게 응원의 눈길을 보냈다.

나디아는 벌레 농장에 대해 설명했다. 몇몇 미어캣들은 혼란스러워했고 심지어 징그럽다는 표정을 지었지만, 몇몇은 가능성이 있으며 굉장히 놀라운 아디이어라 생각했다.

베타 둘이 질문을 했고, 논쟁이 시작됐다. 대화가 부정적인 방향으로 흘러가자 나디아는 레나처럼 분위기를 돌렸다.

"여기 모인 우리는 우리의 미어캣들을 다시는 기아의 위험에 빠뜨리고 싶지 않을 거예요. 그만큼 그들을 사랑하니까요."

당당하게 서서 말하는 나디아의 모습은 마치 레나 같았다.

"우리는 농장 전체를 짓거나 완벽한 무언가를 꼭 해야 하는 건 아니에요. 그저 우리에게 도움이 되는 것을 하면 됩니다. 이 아이디어 이면에 있는 진정한 기회를 봐주세요."

나디아의 얼굴은 강한 열정과 신념으로 빛났다.

"우리 중 많은 이들이 기회를 준다면, 이 모든 것을 파악하고 실행에 옮길 수 있어요."

그녀는 알파와 베타 들을 가리키면서 굉장한 존경을 담아서 말했다.

"그리고 '우리'는 당신들과 함께 시작하기를 원해요."

베타 하나가 아주 단호하게 말했다.

"하지만 다들 맡은 일도 너무 바쁜데 누가 이런 농장 등을 짓는단 말예요."

나디아는 고개를 끄덕였다.

"네, 맞아요. 그렇지만 이건 남는 자원을 끌어와서 새로운 그룹을 꾸려서 농장을 만드는 게 아니에요. 자신이 맡은 일을 수행하면서 이 아이디어에 동참하려는 자원자가 있는지 알고 싶네요."

그 베타는 눈을 굴리며 생각했다. 하지만 실제로 누가 이런 걸 하려고 할까!? 그는 큰 소리로 이렇게 내뱉었다.

"당신이 옳다 하더라도 자원자들은 오랜 시간 일해야 하고 어느 순간이 되면 지쳐서 나가떨어질 거예요. 결국 당신의 프로젝트는 실패하겠죠. 그리고 자원자들은 원래의 자기 일도 제대로 하지 못하게 될 겁니다."

한 치의 망설임도 없이 나디아는 대답했다.

"레나의 무리에서 내가 목격한 것은 미어캣들이 지치거나 아주 바쁠 때는 도중에 그만둘 수 있다는 것이었죠. 지쳐서 나가떨어지는 게 아니라요. 그러면 다른 이들이 그 자리를 대신하기 위해 자원하죠. 레나 혹은 베타는 미어캣들에게 강요하지 않고 일이 마무리될 때까지 그것이 과외의 업무가 되지 않도록 하는 것 같았어요. 바로 이 점이 변화를 가져온 겁니다."

또 다른 베타가 즉각 대화에 끼어들며 이건 어떻고 저건 어떠니 하며 질문을 퍼부어댔다. 니콜라스는 요목조목 따져가며 목소리를 높이는 책임자들의 머리를 쥐어박고 싶었다. 하지만 그건 전혀 도움이 되지 않는다는 걸 알고 있었다.

더욱이 나디아에게는 그런 도움이 필요하지도 않았다. 나디아는 자신이 옳다는 걸 확신했고, 그것을 보여주었다. 그녀는 눈을 반짝이며 모두에게 말했다.

"나는 우리가 어떤 문제들에 부딪히지 않을 거라는 얘긴 안 했어요. 하지만 우리 중 많은 이들이 정말로 더 나은, 강한, 안전한 무리, 그러니까 다시 한 번 성장하고 발전하는 무리를 만들 기회가 올 거라 믿는다면 무슨 일이 있어도 우리는 실현시킬 수 있어요."

무리는 나디아를 뚫어지게 쳐다보았다. 커뮤니티 나무에서 나뭇잎이 떨어지는 소리가 들릴 정도로 조용했다. 나디아는 책임자들 앞에 선 한낱 어린 존재가 아니었다. 더욱이 불과 얼마 전의 모습도 아니었다. 그녀는 변해 있었다.

마라와 베타들 대부분은 완전히 납득하지는 못했다. 그때 모로가 벌떡 일어서서 단호한 어조로 말했다.

"바로 지금이 기회라는 나디아의 말에 전적으로 동의합니다. 우리는 무리와 아이들의 미래에 대한 책임이 있어요. 우리가 새로운 방식에 적응해야 한다면, 그리고 그것이 커다란 변화라 하더라도 행동으로 옮기는 건 우리의 책임입니다."

그는 말을 멈추고 무리 전체를 바라보았다. 그리고 이어서 말했다.

"새로운 아이디어에 의문을 제기하는 것은 쉽지요? 특히 기존의 것과 아주 다를 때는 더 그렇습니다."

그는 잠시 침묵했다가 다시 말했다.

"물론 그럴 겁니다."

모로는 고개를 돌려 베타들과 마라의 얼굴을 똑바로 쳐다보았다.

"환경이 바뀌면 다른 아이디어가 필요한 건 당연합니다. 아주 다른 아이디어 말이에요."

그런 다음 잠깐 멈추었다가 자신의 생각을 마무리했다.

"이 순간 유일하게 논리적인 대답이 있다면 바로 '그렇다'입니다."

모로는 감정에 호소할 줄 아는 레나와는 거리가 멀었다. 그 둘은 성격이 아주 달랐지만 모로의 목소리에서는 레나가 연설할 때 항상 느낄 수 있었던 강하고 확고한 의지가 엿보였다.

모로가 자신의 입장을 밝히자, 니콜라스와 베타 하나가 힘차게 고개를 끄덕이며 동의했다. 모든 무리가 지켜보고 있었기 때문에 다른 책임자들도 결국 새로운 시도에 대한 의지를 내비쳤다. 적어도 방해는 하지 않겠다는.

모로는 놀랄 만큼 희망에 차서, 하지만 조금은 반신반의하는 표정으로 미소를 지었다.

"누가 벌레 농장 일을 돕고 싶은가요?"

니콜라스와 나디아를 가르쳤던 가족 책임자가 가장 먼저 손을 들었다. 무슨 얘긴지 들어보려고 앞으로 슬금슬금 나와 있던 여남은 마리의 미어캣들도 손을 들었다.

모로는 뜻밖의 반응에 당황했지만 기뻤다.

"좋아요."

그리고 전과는 아주 딴판으로 이렇게 말했다.

"필요한 게 있으면 나에게 알려주세요."

그는 그렇게 논의를 끝냈다.

긴박함을 조성하는 리더십과 자발적 참여와 성공 체험

니콜라스는 다음날 아침 일찍 나디아를 만나러 갔다.

"다음엔 뭘 할래?"

그가 물었다.

나디아는 고개를 흔들었다.

"오빠, 나에게 강요하지 마. 알았지?"

"알겠어."

그는 조금 방어적으로 말했다.

"그런 뜻은 아니었는데."

멋쩍은 듯 잠깐 쉬었다가 말을 이었다.

"그래, 내가 그랬을 수도 있지. 무슨 말인지 잘 알겠어. 내가 무엇을 도와줄까?"

"기아 문제를 해결하고 무리를 더 안전하게 만들기 위한 기회에 대해 오빠가 흥미를 느꼈던 말들을 퍼뜨려. 모로가 지지했다는 것도 빠뜨리지 말고. 그리고 벌레 농장에 자원하고 싶은 이들은 정오에 커뮤니티 나무 아래로 모이라고도 해주고. 나도 그렇게 할게."

니콜라스는 고개를 끄덕였다. 나디아가 물었다.

"물론 나도 모로의 행동에 감동했어. 그런데 오빠 생각에는 그가 왜 지지하고 나선 것 같아?"

니콜라스도 같은 궁금증이 들기는 했다.

"그는 무리에 대해서 굉장히 신경을 써. 그런데 이런저런 일로 마음이 편치 않았지. 마라도 마찬가지야."

니콜라스는 뭔가 골똘히 생각하는 듯 고개를 갸우뚱했다.

"내가 할 수 있는 유일한 대답은—대단한 대답이 아니라—모로는 그저 직관적으로 네 생각이 옳다고 느낀 것 같아. 확신은 못 하겠지만. 어쨌든, 말을 전하러 가자."

그들은 흩어져서 말을 전했다. 정오에 17마리의 호기심이 많은 미어캣들이 재빨리 이 벌레 농장에 대한 아이디어를, 혹은 경우에 따라서는 완전히 새로운 어떤 것을 행동으로 옮기고 싶어 모여들었다. 나디아는 생산적인 논의를 촉진하는 역할로 누가 모임을 이끌고 싶은지 물었다. 이 말은 당연히 그 자리에 참석한 대부분의 미어캣들을 당황스럽게 만들었다. 대개는 두 베타 중 더 연장자가 그 역할을 했기 때문이다. 하지만 나디아는 타무의 이야기를 들려주었고, 에이요는 그룹이 혼란에서 벗어나 회의 촉진자를 찾고 진행하도록 도왔다.

그들은 매일 새로운 장애물과 맞닥뜨렸다. 굴을 담당하는 베타는 농장 팀에 온 에너지를 쏟아 붓는 자신의 두 미어캣들에게 그 일은 그만하고 본연의 업무에 충실하라고 강력하게 지시했다. 결국 그 둘은 농장 일을 그만두었지만 나디아가 예측한 대로 새로운 두 자원자가 그들의 역할을 대신하기 위해 합류했다. 미어캣들은 중간에 그만두었지만 베타들이 생각한 대로 지쳐서 나가떨어진 것은 아니었다.

마라는 자신이 절대 전체 프로젝트를 지원하지 않을 거라는 사인을 계속해서 보냈다. 그럼에도 모로는 어쨌든 보이지 않는 곳에서 마라가 농장 일을 훼방 놓지 못하게 도왔다. 하지만 이웃의 무리가 한 번 이상 쳐들어와 모로·마라 영토를 약탈했을 때 모로는 미어캣들을 결집시켜서 농장 일에 굉장한 주의가 필요한 시기에 다른 곳으로 주의를 돌리게끔 하는 데 성공했다. 그러나 이번에도 나디아가 예측한 대로 몇몇 자원자들은 농장 일에 차질이 없도록 거의 잠도 자지 않고 일했다.

몇몇 자원자들의 에너지는 굉장했다. 평소 맡은 업무를 하면서도 농장에서 일을 더 해냈다. 나디아와 니콜라스도 열정이 수그러들지 않았다. 어떤 이유인지 알 수 없지만 또 다른 베타는 거의 니콜라스와 비슷하게 행동하기 시작했다. 그리고 모로는 그 특유의 조용하고 유난스럽지 않으면서도 카리스마 있는 모습으로 바쁜 일정 중에도 벌레 농장에서 일하는 이들을 방문했다. 단 몇 분이지만 매일. 인자한 미소와 격려의 말은 놀라운 효과를 발휘했다. 모로가 농장을 방문한 이야기는 칼라하리 사막의 바람과 같은 빠른 속도로 무리 사이에 퍼져나갔다.

프로젝트에서 놀라운 속도로 첫 먹이를 수확했을 때 자원자들은 알파와 베타, 그리고 이 예사롭지 않은 활동으로 벌어진 일을 궁금해하는 모든 이들을 초대했다. 일반 미어캣들이 책임자들을 초대하는 것은 또 하나의 전례 없는 일이었다. 하지만 일찌감치 도착한 모로를 포함한 책임자들 중 많은 이들이 그곳에 왔다.

농장은 아직 초기의 가장 기초적인 단계였지만 수많은 미어캣들이 입이 떡 벌어질 정도로 놀라워했고, 나디아와 에이요가 무리를 떠나 있을 때 배웠던 다른 것들을 들려주기를 기대하고 있었다. 무리에게 중요한 어떤 것을 할 기회에 대한 논의는 점점 늘어났으며, 특히 모로와 많은 베타들이 정기적으로 모여서 이야기하기 시작하면서 더 그러했다. 가시적인 만족감은—"이 정도면 됐어"라고 느끼는 이들의 행동—하루가 다르게 줄어들었다. 실질적인 결과를 내지 못할 거라는 불안과 공포는 잦아

들었다. 마치 긴박함이 새로운 무언가에 대한 필요성을 증가시키는 것처럼.

"다음은 뭐야?"

니콜라스는 누이에게 물었다.

나디아는 생각했다.

"레나가 여기 있으면 좋을 텐데."

니콜라스는 심각한 얼굴로 쳐다보았다.

"하지만 그녀는 여기 없어. 한 번 더 물을게, 다음은 뭐지?"

"레나 무리에서처럼, 아마도 자원자 리더들의 원이 우리를 안내해줄 거야. 레나의 원 그림 정중앙에 있는 바로 그것. 우리는 지금 뭔가를 만들어낼 수 있는 관심과 에너지가 충분하다고 생각해."

그리고 실제로 그것은 가능했다. 열둘로 구성된 중심 그룹은 나디아와 니콜라스와 함께 정기적으로 만났다. 그 소식을 들은 마라는 승인되지 않은 이 활동을 하지 않기를 바랐지만 모로의 고집을 꺾지 못했다. 중심 그룹은 자신들의 에너지를 어디에 쏟을지 선택하기 시작했다. 신이 난 미어캣 여섯 마리와 에이요는 전체 무리에서 100퍼센트 효과가 있는 새로운 경비방법을 생각해내는 일을 맡았다. 이 역시 행동보다는 말이

쉬운 법이지만, 에이요와 그 팀의 열정은 수그러들지 않았다. 누가 봐도 더 이상 모래 폭풍 대처 문제를 이끌 수 없으리라 생각되는 나이 든 미어캣도 샘솟는 열정과 사려 깊은 태도로 해낼 수 있었다. 신뢰와 가속도, 그리고 긴박함은 점점 커졌고 그럴수록 리더를 자원한 이들은 친구들과 가족들에게 계획과 자신들이 초기에 이룬 성공에 대해 이야기했다.

리더 서클의 다섯 번째 회의에서 파노Pano라는 미어캣은 짚으로 속을 채운 털 인형 하나를 가지고 나타났다. 팔과 다리, 머리와 눈도 달려 있는데, 보아하니… 아주 귀여웠다.

모두 그것을 바라보았다.

"어디서 난 거죠?"

무리 중 하나가 물었다.

"내 여동생이 만들었어요. 어떻게 만들었는지는 몰라요. 동생 말로는 정말 재미있는 일이 벌어진다고 하는데, 아이들이 아프거나 다쳤을 때 끌어안고 있으라고 주면 더 빨리 낫는 것 같다고 하더라고요. 아픈 아이들을 돌보고 먹이고 그 외에 일반적으로 해야 하는 일들을 줄일 수도 있습니다. 여동생은 이런 일이 일어나는 걸 많이 봤다고 합니다."

그들은 모두 동물 인형을 유심히 보았다. 그런 다음 누군가 물었다.

"만약 그게 사실이라면 왜 우리들은 여태껏 몰랐던 거죠?"

파노는 어깨를 으쓱했다.

누군가가 말했다.

"그것 참 재미있군요. 당신 여동생과 이야기하고 싶네요. 그런 다음 도와주려는 이들이 있다면 좀 더 넓게 적용해보고 싶어요. 알겠어요?"

리더 서클은 그 이상한 아이디어를 논의했다. 그 자리에 모인 어느 누구도 효과가 있을 거라고는 생각하지 않았다. 하지만 이 그룹이 배운 교훈 중 하나는 모두가 동의하지는 않아도 된다는 것이었다. **누군가 아이디어를 적용할 수 있도록 충분한 지원이 뒷받침된다면 굉장한 효과가 있을지도 모른다. 아니면 적어도 시도해볼 가치는 있다.**

인형을 가지고 치유 활동을 해보자고 요청한 미어캣은 전혀 문제없이 함께 진행해보길 원하는 몇몇 이들을 찾았다. 그들은 일주일 안에 동물 인형을 여섯 개 더 만드는 방법을 고안해냈다. 새로 만든 인형들은 완벽하지도 똑같지도 않았지만 모두 꼭 안아주고 싶을 만큼 귀여웠다. 2주가 더 지나고 그들은 아픈 아이 넷과 다친 아이 넷에게 껴안고 다니는 이 인형의 효과를 조용히 시험해보았다. 다들 밤낮 할 것 없이 인형을 끌어안고 살았다. 한 아이를 제외하고는 모두 빠른 속도로 호전되었고 어른들이 아이들을 돌보는 데 들어가는 시간도 줄어들었다. 팀은 성공을 축하했다!

처음에 몇몇 베타들은 자기들에게만 새로운 문제들에 지혜롭게 접근할 수 있는 경험과 지식이 있다고 여겼다. 하지만 '규칙과 절차를 따르며' '들은 바를 그저 시도하고' 그리고 '우리가 하는 방식이라' 여기며 몇 해를 보내면서 많은 창의적인 아이디어들과 에너지는 예상하지 못한 장소와 가외로 역할을 담당하는 미어캣들로 구성된 특이한 그룹에서 쏟아져 나왔다. 당연한 것이지만 시간이 지나면서 순조로울 때도 있었고 그렇지 않을 때도 있었다. 하지만 이 새로운 그룹은 함께 어우러져 새로운 방식으로 일하는 법을 배울 수 있었다. 그들은 또한 개개의 미어캣이나 일반적인 그룹에서는 이러한 결과를 만들어낼 수 없거나 알 수도 없다는 것을 깨달았으며, 장애물을 극복하고 일반적으로 있을 수 있는 변화에 대한 저항을 다루고 생활의 아이디어들을 생각해내는 매력적인 방법을 발견했다.

그들이 새로이 이룬 성공은 대부분 작은 것이었고 상대적으

로 이루기가 쉬웠다. 하지만 계속해서 성공하면서 그 작은 것들은 축적되기 시작했다. 그리고 속도는 더 느리고, 나디아가 생각한 것보다 갈등이 커지기도 했지만 새로운 운영 방식은 점점 더 발전해나갔다.

리더 서클은 의사소통을 하고 방향을 제시하고 격려하고 성공을 축하하기 위해서 매주 모였다. 그룹에서 가장 연장자인 두 미어캣과 니콜라스, 가족 책임자 하나는 다양한 사안들에 대해 논의하기 위해 모로, 마라, 베타들을 정기적으로 만났다. 이 모임으로 여전히 절차와 규율이 완전히 무너졌다고 걱정하는 마라와 베타는 조금 편안해졌다. 그리고 모로는 매번 모임 때마다 성장하는 것 같았다. 각 세션들이 생산적이라는 걸 확신하는 것뿐만 아니라 전체적인 리더로서 말이다.

모로와 베타 몇몇은 세션에서 배운 것들을 회의 바깥 영역에서도 활용했다. 그들은 자발적인 행동과 함께 공식적인 리더 지위가 아닌 일반 미어캣들이 발휘하는 리더십에 더 관심을 갖기 시작했다. 그들은 때때로 어린 미어캣들에게 가서 젊은 그들 덕분에 가능했던 성공, 그것이 아주 작더라도 얼마나 자랑스러운 일인지 알려주었다. 이런 행동들이 효과를 보이자 그들은 놀라움을 금치 못했다. 여태껏 왜 우리는 이렇게 하지 않았는가?

새롭고 작은 일이 있을 때마다 무리는 너무나 많은 미어캣들로 인해 생겨나는 다양한 이슈들에 대해 큰 열정과 에너지, 리더십을 드러냈다. 그들은 비록 날씨나 포식자들 혹은 다른 어떤 것들로 새로운 상황에 몰렸을 때에도 자신과 무리의 생활이 더 나아지도록 가외의 노력을 기울였다. 그와 동시에 규율과 이성적인 절차 같은 것들이 여지없이 엉망이 되고 혹은 새로운 활동들과 계속해서 갈등을 빚을 거라는 우려는 대개 기우인 것으로 나타났다. 오히려 위계와 절차, 그리고 무리를 운영하는 전통적인 방식에서 비롯된 그 외 모든 무리한 스트레스와 책임자들이 느끼는 중압감은 사라졌고, 경비, 굴 파기, 아이들 돌보기, 가족 운영이 매일매일 잘 진행되도록 확실히 일을 더 잘 수행하게 된 것 같았다. 기진맥진해 있던 몇몇 베타들과 미어캣들도 확연하게 좋아졌고 훨씬 더 행복한 생활을 누리게 되었다.

절대 자신은 리더가 될 수 없다고 여겼던 수십 마리의 미어캣들은 리더로 성장했고 크고 작은 성공적인 이야기들을 만들어갔다. 많은 부분에서 그들은 이러한 방식을 사랑했지만 동시에 설명하기 어려운 여러 이유들이 있었다. 그들의 생활은 더 재미있고 흥미로워 보였다. 그리고 젊거나 늙은 미어캣들 할 것 없이 모두 삶에서 목적과 의미를 찾을 수 있었다. 심지어 모로도 그러했다.

농장은 계속해서 성장했다. 농장의 성공은 안주하기보다 더 많은 기회를 추구할 필요가 있다는 강한 신념을 갖게 했다. 그리고 농장은 이미 레나의 무리에서도 효과가 있었기 때문에 자원자들은 훨씬 더 빠르게 효과적인 농장 운영 정책과 절차를 고안해냈다. 이것은 현재 무리를 성장시키는 역할을 하는 아이들의 양육 부분에도 점점 더 필수적인 요소로 자리 잡게 되었다. 또한 자원자들은 5개월 뒤에 공식적인 책임자로 새롭게 지정된 베타가 자신의 직원, 계획, 규칙, 측정, 절차대로 운영하게끔 그 일을 넘기도록 요청받았다. 이 특화된 업무에 집중한 일곱 마리의 미어캣 덕분에 무리 전체 먹이 공급량의 25퍼센트가 생산되었음이 수치를 통해 밝혀졌다. 동물 인형은 아프고 다친 이들을 돌볼 때 함께 사용하는 공식적으로 인정된 하나의 치유 계획이 되었다. 시간이 흐름에 따라 그들은 이러한 돌봄 방식이 일종의 '미어캣-과학'에 의해 뒷받침되는 유일무

이한 기술이라는 것을 알게 되었다. 알파는 돌보미라는 새로운 직무를 만들기로 하고 돌보미 수장을 지명해서 하나의 가족 그룹 내에서 일하지만 무리 전체도 돌보게 했다. 니콜라스가 이 결정사항을 나디아에게 전하자 그녀는 매우 놀랐다.

"아프고 다친 이들에게 큰 도움이 될 거야. 그리고 레나의 무리와 낡은 사고방식에 젖어 있던 우리 무리가 협력할 수 있다는 아이디어는 그저 이상적인 이야기가 아니라 아직 현실화되지 않은 희망이라는 증거였어."

그녀는 활짝 웃었다.

니콜라스는 고개를 끄덕였다. 그는 저 멀리를 응시하며 마음속으로 생각했다.

"무슨 생각해?"

나디아가 물었다.

"나는 알파가 이 새로운 활동에 동의할 거라고는 생각도 못했어. 하물며 베타는 말할 것도 없었지."

"그런데 그들은 어떻게 그럴 수 있었지?"

나디아가 물었다.

"확신할 수는 없지만, 네가 말했듯이 틀림없이 이 거대한 아이디어가 '말도 안 되는 이상주의적인 생각'이 아니라는 증거가 역할을 톡톡히 한 것 같아. 네가 무리를 떠나 있을 때 경험한 이야기들은 정말로 우리에게 큰 가르침과 도움이 되었어. **순수한 즐거움… 열정은 마치 좋은 전염병처럼 미어캣들 사이에서 퍼져나갔어.** 내 생각에 우리 베타들은 통제력을 잃고 우리에게 닥치는 새로운 것들에 대처하지 못할 거라는 두려움이 줄어든 것 같아."

니콜라스는 잠시 숨을 고르고 다시 말했다.

"그리고 모로는 실제로 앞으로 나아갔지. 나는 늘 그를 존경해왔어. 하지만 그가 지금 하는 건…."

나디아는 웃었다.

"'베타들이 두려워했다고' 말했어? 오빠는 항상 그 어떤 것도 두려워하지 않는 것처럼 행동했는걸."

니콜라스는 살짝 미소를 지었다.

"그래, 하지만 사안에 따라 다르지. 너는 늘 두려움 없이 행동할 것 같아."

위기가 닥치고 무리가 110마리로 줄어들었다. 하지만 1년 뒤에 다시 200마리가 되었고 지금도 계속 증가하고 있다. 미래를 위한 혁신과 일상의 많은 업무를 잘 수행하면서 말이다. 비록 무리에 합류하는 일부 방랑자들만 어림짐작으로 알고 있었

지만 몇몇은 이곳과는 아주 다른 경험을 통해서 좀 더 넓은 미어캣 세상에서는 미어캣-관리와 레나 같은 유형의 리더십이 조화를 이룰 수 있다고 정확히 예측했다. 그들은 선구자였다.

비록 공식적인 논의는 전혀 없었지만, 무리 내에서 다음 알파는 나디아와 니콜라스 혹은 나디아와 새로운 굴의 수장인 에이요가 될 거라는 기대가 팽배했다. 나디아는 속으로 흡족해했다. 자신에게 주어질 지위 때문이 아니라(글쎄, 전혀 기대가 없진 않지만) 훌륭한 무리를 만드는 데 더 도움을 줄 수 있다는 위대한 특권 때문이었다.

이 무리에 대한 소문은 널리 퍼져 나갔다. 틀림없이 떠돌이들의 입을 통해서였을 것이다. 미어캣들은 반신반의하면서 처음에는 조금 질투도 했지만 이내 존경하기 시작했다. 그리고 이 존경의 마음은 이 무리가 자신들에게 계속해서 새로운 도전을 던져주는 칼라하리 서식지를 잘 운영하고 점점 확대되어 가면서 커져갔다. 실로 경이로운 모습이었다.

끝.
(그러니까, 거의.)

미어캣의 변화관리 노트 5

1. 나디아가 현실에 안주하고 새로운 제안을 받아들이지 않는 미어캣 무리를 떠나 다른 미어캣 무리에서 배운 핵심적인 조직 운영 방식의 노하우는 무엇이라고 생각하는가? 떠돌이 생활을 하면서 만난 몇몇 미어캣 무리와 마지막에 만난 레나가 이끄는 미어캣 무리의 특성에 비추어 브레인스토밍을 해본다.

2. 벌레 농장과 같은 혁신적인 조직 운영 방안을 제안할 경우 어느 조직에나 반대하거나 부정적인 입장을 표명하는 사람들이 있다. 혁신적인 아이디어에 반대하는 이유가 무엇이며, 이들의 부정적인 입장을 긍정적인 입장으로 돌려 변화 추진 과정에서 적극적인 동참자로 참여시킬 수 있는 방안은 무엇이라고 생각하는가?

3. 나디아는 기존 조직에서 배울 수 없는 색다른 아이디어를 체험적으로 깨닫고 다시 고향의 조직으로 돌아왔다. 기존 조직이 싫어서 버리고 떠난 사람이 다시 돌아와서 기존 조직의 문제점을 해결하고 번성하는 조직으로 나아가기 위한 제안을 더욱 설득력 있게 제시할 수 있는 방법은 무엇

이라고 생각하는가? 이러한 제안이 현장에 적용되어 하나의 조직문화로 새롭게 정착될 수 있는 방안에 대해 논의해본다.

4. 수많은 반대에 부딪혔지만 결국 나디아는 니콜라스의 지원과 몇몇 후 원자들의 도움 덕분에 잠자고 있는 조직을 뒤흔들어 깨어 있는 조직으로 변화시키는 데 성공했다. 나디아가 변화 추진에 성공적인 족적을 남 긴 결정적인 동인은 무엇이라고 생각하는가? 만약 여러분의 조직에도 나디아 같은 리더가 나타난다면 어떤 조직 변화가 일어날 것인지 생각 해보며 토론해본다.

06

조직의 흥망성쇠에
대한 단상

단순히 어른들을 위한 동화를 싫어하지 않는다면—10쪽 이상을 읽을 수 있게 됐다는 것에 굉장히 감명을 받았다고 말하고 싶다—이쯤에서 당신은 이미 마음속으로 실제 삶의 경험들을 생각하고 있을 것이다. 당신과 고용주 혹은 학교에 도움이 될 만한 교훈들, 중요한 사안들을 개선하고 당신의 팀과 조직이 간절히 원하는 결과를 얻기 위한 방법에 대한 의미 있는 논의에 다른 이들을 참여시키는 도구로 이를 활용하는 것, 특히 당신이 이와 같은 성공을 이전에 경험하지 못했다면 반드시 많은 실제적인 질문들을 떠올릴 것이다. 만약 당신에게 괜찮은 아이디어가 있거나, 혹은 잠시 생각하길 원한다면 아마 그렇게 하는 게 좋다. 책의 나머지 부분은 잊어라. 그리고 생각하라. 그런 다음 행동하라. 만약 대답보다 질문이 많고, 몇 가지 대답을 원한다면, 전통적인 사업이나 전문 서적에 흥미가 있다면 계속 읽어나가기 바란다.

이 책을 먼저 읽은 독자들은 우리의 이야기가 다른 넓은 영역에서 사고를 촉진시킬 수 있다고 평가했다. 굳이 몇 가지를 대자면, 규모가 커짐에 따라 복잡해지면서 생겨나는 문제들과 소통하려 들지 않는 다른 부서와 세대 간의 팀워크 등 변하는 환경에 적응하는 것, 새롭고 혁신적인 아이디어에 대해 열린 환경을 만드는 것, 계속해서 조직을 배워나가는 것, 역경을 이겨나가는 것, 조직을 이끄는 방법을 배우는 것, 리더십과 관리의 차이점을 이해하는 것 등이다. 하지만 마지막으로, 점점 더 어려움이 많아지고 빠르게 변하는 복잡한 세상에서 당신 자신과 다른 이들을 움직이기 위해 여기에서 특별히 중요하다고 제시하는 몇몇 대목에 주의를 기울이기 바란다. 우리가 성장하고 실패하고, 또다시 성장할 수 있다고 확신하는 요점들이다.

리더십과 관리

이 책에서 다룬 여러 가지 주제 중 가장 기본은 이른바 '관리'와 '리더십'의 본질, 그리고 각각의 기능이 잘 수행되었을 때 나타날 수 있는 성취 결과의 차이에 대한 것이다. 많은 사람들과 대화를 하다 보면 우리처럼 관리와 리더십에 대한 상이한, 종종 모순된 대답을 듣게 될 것이다. 이 두 단어는 거의 같은 의미를 지니며 호환적으로 사용되기도 하지만 엄연히 다르다.

관리와 리더십은 조치, 절차, 그리고 행동에 있어 아주 다르다. 그러니까 우리가 가야 할 방향을 정확하게 확인할 수 있는 한 페이지로 된 정확하고 강렬한 비전은 빈틈없고 철두철미한 100페이지(혹은 500페이지)짜리 실행 계획과는 완전히 다르다는 말이다. 또한 변화 추진 과정을 함께하며 공통의 방향성으로 움직이길 원하는 열정적인 집단을 만들 수 있도록 도와주는 주의 깊게 고안된 협력과 의사소통의 과정은 예산, 조직도, 직무명세서, 업무를 수행하기 위한 올바른 '기술'로 구성된 집행 계획과는 확연히 다르다. 전자는 리더십을 후자는 관리를 지칭한다. 사람을 격려하고 고무시키는 노력, 그들의 마음과 생각

관리	리더십
- 계획 - 예산 - 조직 - 직원 채용 - 평가 - 문제 해결 - 안정적으로 생산하고 지속적이고 효율적인 결과를 얻어내기 위해 특별히 잘 해낼 수 있는 방법을 수행	- 방향 설정 - 협력 - 동기부여 - 격려 - 기회를 포착하고 장애물을 극복하며 번영하는 미래로 재빨리, 민첩하게, 혁신적으로 도약할 수 있도록 인력을 집결

을 움직이고, 힘든 장애물들을 극복하도록 에너지를 집약시키는 리더십은 결과를 측정하고 수치에 따라서 보상하거나 처벌하는 관리와는 아주 다르다.

우리는 흔히 리더십이 전적으로 위계와 관련이 있다고 들어왔다. 리더십은 알파가 하는 일이고 관리는 베타가 하는 일이라는 식이다. 하지만 베타보다 낮은 위계에 있는 '큰언니와 오빠'들이 때로는 자신의 영역에서 모두의 이익을 위해 뛰어난 리더십을 발휘하는 과정을 보면 반드시 그런 것도 아니지 않은가? 리더십을 잘 발휘하지 못하는 알파를 본 적이 있지 않은가? 비슷한 맥락에서, 리더십은 오로지 뛰어난 사람들이 수행하는 과업이라는 얘길 얼마나 자주 들어왔던가? 비록 이러한 생각이

전적으로 옳은 게 아니라는 걸 알지만, 수년 동안 이런 메시지가 반복된다면 우리는 어떤 영향을 받을 거라 생각하는가?

또한, 최근 수십 년 동안 어떤 사람들은 리더십의 필요성과 효과를 강조하며, 태생적으로 투박하고 관료주의적이고 지휘통제를 기본으로 하는 관리를 대체해야만 한다고 주장해왔다. 하지만 레나의 무리에서와 같이 규모가 커지고 복잡해졌는데도 관리의 기능이 없다면 어떤 일이 벌어질까?

관리와 리더십은 각기 다른 역할을 담당한다. **관리는 일상적인 업무가 제대로 안정적이고 효과적으로 돌아가도록 한다. 엄청나게 큰 규모와 복잡한 체계 내에서도 말이다. 리더십은 장애물에도 불구하고 빠르게 혁신하고 번영하는 미래로 나아갈 수 있도록 우리에게 힘을 북돋워준다. 시시각각 변하는 문제와 기회들이 있다 해도 말이다.** 관리와 리더십은 같은 결과를 가져오지 않는다. 이들은 각기 다른 결과를 좇고 둘 다 변하는 환경에서 운영되는 복잡한 조직에 반드시 필요한 요소다.

변화가 거의 없는 안전한 세계의 큰 조직에서는 훌륭한 관리가 매우 중요하다. 그리고 어떤 면에서는 그것만으로 충분하다. 반면 작은 조직, 예를 들어 어느 때고 내일의 도전과 기회들이 큰 변화를 가져올 수 있는 세상에서 틈새시장을 개척해야 하는 조직에서는 리더십이 핵심 열쇠다. 그 밖에 오늘날 지구상에 존재하는 수천, 수백 개의 조직은 아니더라도 적어도 수십 곳에서는 두 가지 다 중요하다. 규모나 복잡성 때문이고(관리가 필요함), 굉장한 기술을 숨길 수도 없고 변화를 요구하는 다른 압력이 있기 때문이다.(리더십이 필요함)

때로는 불가능해 보이지만 관리와 리더십은 하나의 기업에 여러 파트너가 있듯이 공존할 수 있다. 이 둘은 매우 다르기 때문에 이것 '아니면' 저것이라는 양자택일의 논리가 아니다. 예를 들면 하나는 사람들을 통제하는 것에 초점을 두고, 다른 하나는 꽤 높은 수준의 자율성과 일부 사람들의 선택권을 중시한다. 빠르게 변하고 혼란스러운 업계의 꽤 큰 조직에서의 경우 성공하는 데 과연 한 가지만 필요할까? 니콜라스·나디아 무리 혹은 레나 그룹은 적어도 어느 정도는 둘 중 한 가지만 있었기에 실패한 것이 아닌가?

그렇다면 한 가지만으로는 왜 안 되는가? 효과적인 업무를 수행하기 위해 계획을 밀어붙이는 위계적인 구조에서는 통제가 왜 크게 성공하지 않았는가? 명확한 방향성을 가진 비전으로 움직이는 네트워크 구조에서는 왜 많은 자유가 사람들이 혁신하고 장애물을 극복하고 불만을 줄이고 가능한 한 모두 미래로 달려가도록 하는 데 크게 도움이 되지 않는가? 필요는 발명의 어머니이므로 앞으로 수십 년 동안 이 점에 대해 더 많은 것들을 배우게 될 거라 생각한다.

다음 표에는 관점에 따른 복잡한 구조와 행동, 그리고 사건이 제시되어 있다.

이 간단한 표는 면밀히 검토해볼 만하다.

사실상 모든 조직은 좌측 상단이 보여주는 방식으로 조직을 운영하여 발군의 성장과 발전을 이룩하기도 한다. 이러한 현상은 우측 상단보다 더 빈번히 나타나는데 일시적으로는 조직이 점점 더 크게 성장한다. 하지만 그들은 "우리는 어떻게 하는지 알고 있어, 우리의 성공이 그걸 입증해"라는 안일한 생각으로 변화에 적응하지 못한다. 조직 규모가 커지면 이에 대응하기 위해 체계와 구조, 다양한 제도와 정책들을 만들어내면서 외부 환경 변화에 민첩하게 대응하기 위한 혁신을 만들어내는 레나

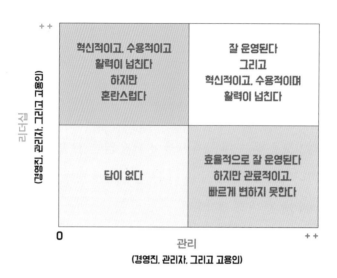

혁신적이고, 수용적이고
활력이 넘친다
하지만
혼란스럽다

잘 운영된다
그리고
혁신적이고, 수용적이며
활력이 넘친다

답이 없다

효율적으로 잘 운영된다
하지만 관료적이고,
빠르게 변하지 못한다

적응력
(경영진, 관리자, 그리고 고용인)

관리
(경영진, 관리자, 그리고 고용인)

0   ++

와 같은 방법을 너무나도 쉽게 파괴한다. 그 결과 조직은 우측 하단과 같은 경영 방식, 즉 조직이 효율적으로 잘 운영되기는 하지만 관료제에 물들어 환경 변화에 민첩하게 대응하지 못한다. 심각한 경쟁적 압박을 받지 않는 조직들은 그 상태로 고착화되어 현실에 안주하고, 융통성이 없어져서 느려지고, 전략적인 기민함조차 찾아보기 어렵게 된다. 갑자기 불어 닥치는 업계의 강한 혼란과 맞닥뜨리게 되면 조직은 마치 격자판 자체가 오른쪽으로 움직여 버린 것처럼 앞으로 닥칠 일에 압도되고 정말로 답이 없는 상태인 왼쪽 하단으로 전락한다.

오늘날 대부분의 오래된 조직은 우측 하단에 위치한다. 변화가 극심하지 않은 환경에서 이런 경영 방식을 구사하는 조직은 어느 정도는 잘 수행할 수 있다. 하지만 미어캣 세계에서뿐 아니라 인간 세계에서도 점점 사라지게 마련이다. 그렇다면 리더십 주도의 빠르게 움직이고, 규칙은 느슨하며, 상사가 없는 좌측 상단의 혁신적인 경영 방식으로 조직을 운영하는 것이 해결책일까? 약간은 여기에 마음이 끌릴 수 있다. 하지만 당신이 어린아이가 아니라면 순진한 생각에 불과하다는 점을 알 것이다. 해결책은 리더십과 관리가 조화롭게 구축된 구조와 방식으로 운영되는 우측 상단으로 다시 도약하는 데 있다. 관리의 요소를 빼지 않고 리더십이 추가되어 조화를 이룬 곳 말이다.

또 하나의 해결책은 좌측 상단을 벗어나기 위해 압력과 싸우는 것이다. 특히 당신이 훌륭한 리더나 기업가라면 이해할 수 있을 것이다. 하지만 왜 결과는 항상 레나의 시나리오대로 되지 않는 것일까?

두 가지 장점을 겸비한 조직 만들기

우리는 방금 리더십·매트릭스의 우측 상단으

로 이동하거나 머무는 것이 의미하는 바에 대해서 살펴보았다. 많은 사람들은 직관적으로 평소 하던 방식대로 조직을 운영한다. 전통적인 조직에서는 이전보다 조직 규모가 커진 그룹을 대상으로 리더십 개발 교육을 실시할 것이다. 이때 교육은 확실히 리더십에 대한 것이지 관리에 대한 것은 아니다. 그들은 새로운 네트워크 유형의 그룹(전통적인 부처 간의 태스크포스 이상의 그룹)에 좀 더 공격적이고 창의적으로 관리 시스템을 추가하고, 이전보다 직원을 더 많이 고용하려고 할 것이다. 리더십에 대해 더 많이 논의하고 사람들을 리더로 성장시키려고 굉장히 노력할 것이다. 이미 언급했듯이, 우측 하단에서 운영되는 오래된 조직이라면 우측 상단으로 이동하는 것이 이상적인 방법인데, 우리는 미어캣 친구들이 했던 효과적인 방식을 잘 알고 있다.

그 과정을 도표로 나타내면 다음 그림과 같다. 나디아가 땅에 그렸던 이중 구조로, 관리와 리더십을 각각 상당 부분 허용하도록 만든 것이다. 그림과 같은 변화관리 모델은 사업 시작 단계를 넘어선 조직이 속도, 민첩성, 그리고 혁신이 필요한 시기에 빠르게 변하는 세상에 대응할 수 있도록 도와준다. 뿐만

아니라 변화관리 모델은 규모가 크고 복잡함에도 불구하고 고
객들의 즉각적인 요구사항을 만족시키기 위해서 효율성과 신
뢰를 갖출 수 있게 돕는 역할에도 유용하다.

　　관리와 리더십을 동시에 강조하는 이중 시스템에는 또한 우
리가 계속해서 배우고 있는 중요한 보조 혜택들이 있다. 예를

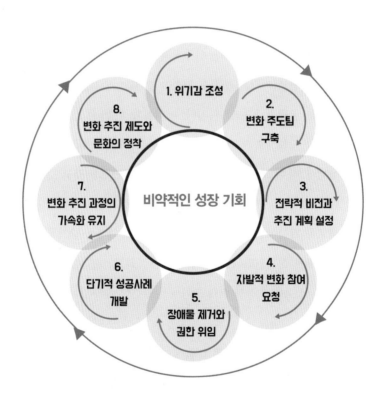

들면 오늘날 인재 영입전에서 이 시스템은 좀 더 일찍, 더 광범위한(혹은 더 의미 있는) 책임을 맡아보고 싶은 특출한 젊은 인재들의 마음을 사로잡고 유지할 수 있다. 다음은 이런 시스템이 작용하는 방식이다.

1. 본격적인 변화 추진 과정은 명백한 하나의 큰 기회 혹은 여러 기회들을 둘러싸고 수많은 사람들 사이에서 일어나는 높은 위기감 조성으로 시작된다. 안주하려는 마음과 불안감에서 비롯된 잘못된 위기감은 부정적 영향을 미치고, 열정, 흥분, 감정적 참여는 긍정적 영향을 미친다. 나디아와 니콜라스는 성장하는 그룹의 도움으로 변화 추진에 필요한 위기감을 성공적으로 조성했다. 특히 모로의 도움이 컸다. 모두가 관심을 갖고 있는 미래의 전략적 기회에 대한 부단한 의사소통, 교육, 열정을 통해 새로운 가능성을 추구하는 것이 실현 가능하다는 증거를 제시함으로써 성공적인 변화를 추진할 수 있다는 자신감을 심어주었다. 이 점은 우리가 실제 조직에서 발견한 바와 같다.

2. 가능성이 높은 사업기회에도 생각하지 못한 위기감을 조성함으로써 변화 추진에 대한 공감대를 형성하고, 여러 수준으로 구

성된 아주 다양한 특성의 그룹에서 존재하는 새로운 네트워크 중심의 체계에서 변화 추진을 위한 강력한 리더십을 발휘하고 싶어 하는 자발적인 팀이나 그룹이 있다. 이들은 기꺼이 두 가지 일을 하려는 사람들이다. 위계구조에서 평소 맡고 있던 업무를 추진함과 동시에 리더십으로 뭉쳐진 혁신 네트워크에서 변화 추진에 관한 선도적 역할을 담당한다. 다시, 시작하는 조직을 생각해보면 젊고 나이 든 이들, 제품과 서비스를 설계하고 판매하는 일이 공존하고, 관료주의가 강한 조직에서도 종종 이해할 수 없는 속도로 다양한 이슈에 대해 격렬하게 논쟁하고 신속하게 움직이기도 한다. 실제 현실에서 이런 자발적 변화 추진 참여 그룹을 소집하거나 다른 이가 소집하는 것을 지지하는 적극적인 후원자가 있다. 이들은 '야근'도 불사할 정도로 변화 추진 과정에 대해 열성을 보이는 자발적인 변화 추진 선도자들이다.

3. 변화 추진 과정을 선도하는 자발적 지원팀은 훌륭한 기업가 정신으로 무장한 리더처럼 행동한다. 원대한 비전으로 팀을 이끌어가고 기회를 활용할 수 있는 계획을 수립한다. 변화 추진 계획을 채택하기 전에 알파와 베타를 비롯한 다양한 목소리에 귀를 기울이며 많은 사람들에게 아이디어가 잠재적으로 가치 있

음을 납득시키지 못하면 밀고나가지 않는다.

4. 변화 추진 계획에 대해 끊임없이 의사소통을 하면서 위기감을
   피부로 느낀, 모종의 변화를 추진하려는 자원자들은 뜻을 같이
   하기 위해 일종의 연대가 필요함을 느낄 것이다. 예를 들면 적
   절한 조건만 갖추어진다면 직원이 5,000명인 조직에서 5퍼센트
   의 사람들이 하나의 팀을 조성해서 몇 달 동안 수행할 수 있는
   일은 엄청나다. 우리는 이를 반복해서 목격했다.

5. 사람들이 이뤄낸 많은 일들은 완전히 새로운 아이디어보다 눈
   에 띄지는 않지만 이미 잘 활용했던 것에서 종종 착안되기도 한
   다.(미어캣들의 치유를 도와주는 껴안는 인형을 만든 것처럼)
   혹은 실행하는 과정에서 어려움을 겪거나 장애물에 걸려 좌절
   감을 맛보는 과정에서 아이디어를 얻는 경우가 많다.

6. 성공—사례를 만들고, 다른 사람과 의사소통하며, 함께 축하하
   기—은 가시적인 변화를 이끌어내고 가속도가 붙게 한다. 보통
   비교적 보잘것없지만 작은 성공체험들이 모여 변화 추진 과정
   이 원하는 방향으로 잘 이루어지고 있음을 보여주면 우리 모두

가 기대하는 성공적인 변화는 더 빨리 일어나고 팀원들과 보다 효과적으로 의사소통 할 수 있으며, 더 많이 축하받으며, 더 의미심장한 성공사례를 만들어낼 수 있음을 발견했다.

7. 충분한 성취가 이루어졌어도 위기감을 약화시키지 않고 기존의 변화 추진 과정을 지속적으로 유지하는 방법은 현실에 안주하지 않고 중요한 계획들을 전략적으로 선택, 가시적인 변화가 일어날 수 있도록 조치하는 것이다. 이 정도면 됐다고 생각하는 순간 변화 추진 과정은 거기서 멈춘다.

8. 그리고 어떤 면에서 변화 추진의 성공적인 결과는 위계적인 조직 구조에 제도화되어 비교적 오랫동안 유지된다. 미어캣들을 위한 벌레 농장이 상사와 직원들로 구성된 새로운 농장 부서가 된 것과 마찬가지로 말이다. 실제로 자발적 변화 추진 지원자들은 성공적인 변화 추진 결과를 다른 사람에게 넘겨서 적용하고 싶어 하거나 변화 추진 성과의 신뢰성과 효율성을 담보하기 위해 기존의 조직 구조 내에서 유지하고 싶어 한다.

지금까지 설명한 대부분이 변화 추진 과정은 몇 해 전 우리 중 한 명—코터Kotter—에 의해 개발되었다. 하지만 오늘날, 빠르게 변하는 세상에서, 기본적인 변화 추진 방법은 특별히 세 가지 중요한 방식으로 성장하고 발전했다. 첫 번째, 변화 추진 과정은 더 이상 5년, 10년, 혹은 15년마다 과거에 성공했던 변화 추진 사례 파일 정리함에서 꺼내서 다시 적용하는 것이 아니라는 점이다. 급변하는 경영 환경을 배경으로 일단 시작된 변화 추진 과정은 환경 변화를 감지하고 대응하면서 계속해서 진행될 필요가 있다. 두 번째, 이전에 최고 경영층이 제시한 비전과 관련된 구체적인 아이디어들을 적용하기 위해 협력하는 변화 추진 과정을 넘어선다. 최근에는 이전과 다른 변화를 추진하기 위한 새로운 아이디어, 즉 변화 추진 과정에 작용하는 제도적인 장애물과 태도 차원의 장애물을 극복하고, 변화 추진 팀이 이전과 다른 새로운 방식으로 적극적인 변화를 추진할 수 있도록 동기부여하면서 성공적인 변화를 이끌 수 있는 보다 많은 사람들의 적극적인 참여가 필요하다. 세 번째, 이상에서 언급한 두 개의 관점을 실제로 실현 가능하게 만들려면, 전통적인 관리 중심의 위계구조와 긴밀히 협력할 수 있는 두 번째 요소가 필요하다. 즉 아무리 혁신적인 조직적 특성을 요구한다고 해도 기존 조직이 추구해온 안정적이고 효율적인 관리 방식과 혁신적인 리더십이 추구하는 방향이 서로 조화를 이룰 필요가 있다. 비교적 오랫동안 안정적으로 운영되어 온 조직이 좀 더 평등하고 유연하며 혁신적이고 빠르게 반응하는 조직 구조의 특성을 없애거나 약화시키는 경향이 있어도 말이다.

하지만 한편으로는 신뢰성과 효율성, 또 다른 한편으로는 민첩성과 속도, 그리고 혁신을 추구하는 두 가지 세계의 조화가 현실적으로 어떻게 가능한가? 무엇보다도, 앞서 설명했듯이 변화 추진 과정은 본래 기업가적 리더십 중심의 네트워크를 없애거나 제한하는 운영상의 위계에 녹아 있는 많은 저항의 원천을 압도할 수 있다. 이런 변화 추진 과정은 "그건 우리가 하는 방식이 아니야"라는 굉장히 강력한 만트라(주문)를 극복할 수 있다. 비즈니스 기회를 중심으로 많은 사람들이 느끼는 진정한 위기감, 머리로뿐만 아니라 마음으로도 그렇게 느끼는 위기감이 핵심이다. 특히 베타와 알파의 수준에서는 교육도 도움이 된다. 하지만 다른 체계의 성공 가능성을 증명해주는 성취는 아주 중요한데, 말을 통해 감동을 주고 행동을 고쳐시키는 방법은 늘 한계가 있기 마련이다. 특히 이전에 경험해보지 못한 새롭고 불확실한 변화에 대응할 때는 더 그러하다. 이러한 현상은 미어캣 세계에서 일어난 것으로 최근 우리가 사는 세상에서도 반복해서 관찰된다.

만약 당신이 대다수의 사람들이 머물고 있는 조직처럼, 관리는 잘 되지만 변화에 둔감한 우측 하단의 조직에 있다면 수백 페이지에 달하는 대답이 필요한 많은 질문들이 있을 것이며 분명히 이 짧은 책으로는 그 모든 질문에 속 시원한 답을 제공하지 못할 것이다. 이런 사람들을 위해 두 가지 정보를 알려주겠다. 《가속화Accelerate》(코터의 저서)라는 제목의 전통적인 변화관리 양식의 책과 코터 인터내셔널 웹 사이트Kotter International Web site에 소장된 풍부한 자료를 활용하기 바란다.

여기서는 이 아이디어들에 대해 좀 더 깊게 파고들기 위한 또 다른 방법을 제안하겠다. 이 책을 책꽂이에 꽂아두지 말고 돌려본 다음 당신의 팀 혹은 사무실 혹은 부서 아니면 회사 내에서 의사소통을 할 때 기초로 활용하라. 이 원고의 초안을 읽은 사람들은 이미 예정된 회의(연간 전략회의) 이전에 혹은 본격적인 회의에 앞서(열 명의 그룹이 긴 점심 시간을 가지며) 복사본을 돌려보았다. 논의는 평소 하던 형태로 진행하되 우리의 미어캣 이야기에 대한 의견으로 시작하고, 그리고 나서 눈앞의 조직에 대한 이야기를 거침없이 진행해보라. 우리는 네 칸짜리 매트릭스에서 어디에 위치해 있는가? 왜 거기인가? 결론은 무엇인가? 운영 방식 때문에 잘 다루지 못하는 특별한 문제나 놓친 기회들이 있는가? 우리는 변하려 노력했는가? 효과가 있는 것과 없는 것은 무엇인가? 우리에게 가장 큰 기회는 무엇인가? 등등….

우리는 보통 직장 생활을 하면서 통제, 프로젝트 현장, 태스크포스, 상사 중심의 구조, 지표에 대한 아이디어로 고군분투한다. 이런 상황에서 우리는 당연히 그동안 알고 있는 것을 '버리는 것'이 두렵다. 하지만 그것은 우리가 여기서 다룬 바가 아니다. 지금까지 우리는 덧셈경영을 해온 나머지 뭔가를 버리고 비우는 뺄셈경영에는 익숙하지 못하다. 이전에는 경험해보지 못한 전혀 다르면서도 빈번하게 다가오는 전략적인 도전에 직면했을 때 두려움에 굴복한다면 지금까지 우리가 배운 변화관리 교훈은 무용지물이 될 것이다.

다양한 비즈니스 기회, 변화로부터 배운 교훈과 가르침, 톱

매니지먼트로부터의 전폭적인 지원, 치밀한 변화 추진 계획의 성공으로 얻은 변화 추진의 가속도, 그리고 두 개의 전혀 다른 경영시스템 이 만나 발생하는 위기감이 커지면서, 미어캣이 위기를 감지하고 변화에 대처한 방식을 인간 조직에 적용해보는 것이 가능해졌다. 그 결과 실제로 인간 조직에서 많은 성공사례를 만들었다. 그렇다, 미어캣에게 배운 성공 노하우를 인간 조직에 적용하는 것은 정말 놀라운 일이다.

미어캣의 변화관리 노트 6

1. 지금까지 만난 상사나 리더 중에서 한두 명을 떠올린 다음 그들은 관리나 리더십 중에서 어느 쪽 성향을 더 갖고 있었는지, 그들에게 배울 수 있었던 소중한 깨우침이나 교훈, 반면교사는 무엇이었는지 토론해본다.

2. 관리와 리더십은 좋고 나쁜 문제가 아니라 조화와 균형의 문제이다. 두 가지 개념의 근본적인 차이는 무엇이며, 이러한 차이가 조직의 성숙이나 발달 단계별로 다르게 적용되어야 한다면 어떤 방식으로 조화와 균형을 이루어 적용하는 것이 바람직한지 토론해본다. 예를 들면 조직 초기 단계와 어느 정도 안정권에 접어든 조직, 그리고 위기에 처한 조직을 다시 번성하는 조직으로 발전시키는 과정에서 관리와 리더십은 각각 어떤 역할을 발휘해야 하는지 논의해본다.

3. 지금 여러분이 몸담고 있는 조직은 관리와 리더십의 조화와 균형의 문제에 비추어볼 때 어떤 수준이나 단계에 있는지 생각해본다. 팀과 조직 전체를 나누어 생각해보고, 직속 상사나 팀 리더의 조직 운영 방식과 최고 경영자의 조직 운영 방식을 비교 분석하면서 관리와 리더십의 비중 중에

서 어떤 쪽을 더 강조하는지, 그렇게 함으로써 일어나는 긍정적인 효과와 부정적인 폐해는 무엇인지 논의해본다.

4. 이 책에 나오는 변화관리 8단계에 비추어 내가 몸담고 있는 조직의 변화관리 수준을 진단해본다. 우리 조직은 어느 단계가 가장 취약한지, 지금 가장 강조해야 할 변화관리 과제는 무엇인지, 변화관리 8단계별 현상과 실상, 그리고 개선해야 할 변화 추진 과제를 리스트업하고 논의해본다.

궁금한 점이 있나요?
John.Kotter@KotterInternational.com으로
문의하시기 바랍니다.

끝.(이번에는 진짜로)

미어캣에게 배우는 변화관리의 지혜

펭귄에게 배우는 변화의 기술이라는 부제가 붙은 존 코터 박사의 《빙산이 녹고 있다고?》를 번역 소개한 지 10여 년이 흘렀다. 이번에는 미어캣에게 배우는 변화관리 우화이다. 미어캣은 아프리카 대륙에서도 남부 지역에 분포하며, 특히 대부분의 개체들은 칼라하리 사막과 나미브 사막 등에서 서식한다고 한다. 이 책에는 미어캣 수십 마리가 모여 무리 생활을 하는 동물로 묘사되어 있다. 이들은 주로 날카로운 발톱으로 굴을 파고 그 속에서 무리 생활을 한다. 미어캣의 행동 중 가장 잘 알려진 모습은 바로 보초를 서는 것이다. 실제로 이 책에 등장하는 경비대장 니콜라스나 경비요원 에이요도 미어캣을 천적으로부터 보호하기 위해 보초 활동과 관리를 책임지고 있다. 그런데 천적 독수리를 제대로 감시하지 못하자 미어캣 무리의 위기가 시작된다. 그동안 존 코터 박사는 변화관리에 관한 다양한 교과서적 지침서와 매뉴얼, 각종 체험적 사례를 근간으로 인간과 조직의 성공적인 변화를 이끌어낼 수 있는 실질적이면서 지속 가능한 변화 추진 노하우를 연구하고 개발해왔다.

변화관리를 어떻게 해야 하는지를 논리적으로 설명하면 대부분의 사람들은 평소에 다 하는 일이라고 생각하면서 새로울 게 없다는 식으로 치부하기 일쑤다. 특히 워낙 많이 변화와 혁신의 필요성을 강조해온 나머지 이제 변화와 혁신은 전혀 혁신적으로 들리지 않고 일상의 업무로 들릴 정도로 익숙해진 개념이다. 그런데 이제껏 경험해보지 못한 난생처음의 변화나 위기에 직면하면 지금까지 알고 있었던 변화관리 일반에 관한 지식이 아무런 효능을 발휘하지 못하고 속수무책으로 전락하는 경우가 많다. 무리 생활을 하는 미어캣 조직에도 어느 날 들이닥친 독수리와 갑자기 내린 소나기로 서식처인 굴이 매몰되면서 위기가 발생한다. 이 책에서는 이런 위기 상황을 어떻게 감지하고 대응해내는지를 미어캣의 변화 추진 과정에 비추어 흥미롭게 설명한다. 우화에는 논리적 필요성을 강조하는 설명보다 스토리에 숨겨진 교훈에 비추어 지금 우리가 몸담고 있는 조직을 반추해보는 깨달음과 시사점이 담겨 있다. 우선 독자들의 이해를 돕기 위해 미어캣이 무리에 일어난 위기를 어떻게 극복하고 다시 번성하는 조직으로 재구축하기 위해 어떤 노력을 기울이고 있는지를 소개해본다.

지나친 관리는 무리가 따를 수 있다

모든 조직과 마찬가지로 미어캣이 살아가는 무리에도 조직 구조와 운영 방식이 그대로 적용되어 왔다. 성공적으로 조직이 운영되려면 명령과 통제의 위계가 필요하고 원활한 기능을 발휘할 수 있는 규율과 질서가 필요하다. 조직 내외에서 발생하는 모든 문제를 계량적으로 관리하고 숫자상의 지표로 통제하기 위한 다양한 개선 방안을 효율적으로 관리하는 제도와 정책이 마련된다. 문제는 정도와 수준이다. 조직을 효율적으로 관리하기 위한 다양한 규칙과 지침이 수도 없이 개발되고, 이것을 일상 업무에 적용하기 위한 복잡한 매뉴얼이 개발되며, 그것대로 실천되는지를 철저하게 관리하는 업무가 상대적으로 많아지면서 문제가 발생한다. 기존 절차와 규칙을 답습하는 과정을 철저하게 강조하고 새로운 아이디어를 실험적으로 적용하는 노력이 무시당하면서 구성원의 열정과 사기가 떨어지기 시작한다. 왜냐하면 그건 지금까지 우리가 해오던 방식이 아니니까. 색다른 도전을 하면서 새로운 가능성을 실험하고 모색하는 즐거움보다 기존의 규칙과 절차를 무조건 따르는 과정을 강조할수록 조직은 점차 활력을 잃어가고 쇠잔의 길로 접어들 것이다. 사전에 계획된 일과 실행상의 차이를 분석하고 규칙과 절차의 이수 여부를 평가하고 통제하며 관리하는 경영 방식이 강화될수록 조직은 현상 유지는 되지만 급변하는 환경에 적응하지 못하고 심각한 위기에 직면하기 시작한다.

평온했던 미어캣 무리에게 전대미문의 문제가 발생하고 설상가상으로 위기가 닥쳐왔다. 독수리가 미어캣 새끼들을 공격하는 초유의 사태가 벌어졌고 순식간에 미어캣 무리에는 심각한 위기감이 조성되었다. 이런 위기가 발생했음에도 그 원인분석과 근본적인 대안 마련을 위한 철저한 자기반성과 성찰의 움직임보다 서로 비난하고 헐뜯으며 문제의 원인을 바깥에서 찾으려는 책임 회피성 발언만이 난무할 뿐이다. 리더는 더 나은 개선 방안을 강구하라는 일방적 명령과 호통을 칠 뿐 솔선수범해서 위기 극복 방안을 위한 진정성 있는 대안을 모색하지 않는다. 팀원들은 문제의 심각성과 위기의 본질이 무엇인지를 근본적으로 파고들지 않고 주어진 문제를 대증요법^{對症療法}적으로 해결할 궁여지책^{窮餘之策} 마련에 급급하다.

어느 조직에나 기존 조직의 운영 방식에 반기를 들고 근본적인 대안을 추구하는 혁신적인 생각을 하는 사람들이 있다. 미어캣 무리도 예외는 아니다. 독수리의 공격을 받은 미어캣 무리 중에 경비요원을 오매불망 꿈꾸던 에이요가 지금까지 그 누구도 시도하지 않은 색다른 시도를 통해 독수리의 공격을 미연에 방지할 수 있는 근본적인 대책을 제시하기에 이르렀다. 그렇지만 새로운 제안을 들은 기존 미어캣의 리더 격인 니콜라스는 "그건 우리가 하는 방식이 아니다"라는 이유로 단칼에 무시해 버렸다. 기존 방식을 고수하면서 시키는 대로 고분고분 말 잘 듣는 예스맨들은 칭찬해주고 뭔가 새로운 시도를 통해 조직의 혁신적인 방안을 강구하려는 구성원들의 아이디어는 들어주기는커녕 무시해 버리는 관행적 조직 운영 방식에 회의를 느낀 나디아와 에이요는 드디어 탈출을 결심한다.

여기를 떠나야 저기를 만날 수 있다

안락한 기존 조직에 안주하지 않고 위험을 무
릅쓰고 기존 조직을 탈출하여 새로운 세계로 모험을 떠난 나디
아와 에이요는 우여곡절 끝에 새로운 미어캣 무리를 만났지만
실망을 안겨주었던 기존 미어캣 무리와 별반 다를 게 없었다.
곧이어 나디아와 에이요는 또 다른 미어캣 무리를 마주치지만
떠나온 고향의 미어캣 무리의 축소판임을 이내 알게 된다. 또
다시 길을 떠난 그들은 떠돌이를 만나기도 하면서 숱한 시련을
경험하는 와중에 우연히 매트라는 미어캣을 만나 의기투합하
고, 이제까지 본 적이 없는 혁신적인 방식으로 조직을 운영하
는 색다른 미어캣 무리를 만나게 된다. 리더의 일방적 호통과
명령이 없을 뿐만 아니라 팀원들 간에 서로 비난하고 헐뜯는
책임회피식 발언도 없는 미어캣 무리였다. 그들은 어떤 시도와
도전도 적극적으로 환영하고 색다른 도전 와중에 만나는 실수
나 실패도 용인해주고 지원해주는 방식으로 조직을 운영해가
고 있었다.

새로운 아이디어를 생각해내고 두려움 없이 과감하게 실행하는 가운데 더 좋은 실행 아이디어를 구상하는 조직 운영 방식, 그 누구도 일방적으로 명령하고 통제하는 방식이 통용되지 않는, 즉 명령과 통제는 "우리가 하는 방식이 아니다"라고 오히려 비난과 질책을 받는 조직문화야말로 나디아와 에이요, 매트가 그토록 찾아 헤매던 해결책이었다. 세 번째로 만난 미어캣 무리의 리더라고 볼 수 있는 레나는 조직 운영의 비밀 열쇠는 열정과 동지애, 함께 꿈꾸며 이루고 싶은 집단적 열망, 그리고 어떤 시도도 적극적으로 추진할 수 있는 무한 자유와 전폭적인 지원에 있다고 했다. 하지만 급변하는 환경에 능동적으로 대처하고 생각하지도 못한 위기 상황에 적극적으로 대처하면서 순조롭게 운영되던 미어캣 무리에 서서히 현실에 안주하는 안이한 미어캣들이 나타나면서 새로운 위기 국면을 맞이한다.

잘 나가는 조직도 한순간에 쇠락할 수 있다

조직 규모가 커지면서 구성원들이 매너리즘에 빠져 초창기의 자발적이고 열정적인 참여가 서서히 줄어들기 시작했다. 설상가상으로 갑작스럽게 불어 닥친 소나기가 순식간에 미어캣들이 머물러 있는 굴속으로 스며들어 미어캣 무리에 심각한 위기가 발생했다. 위험에 노출된 채 속수무책인 상황에서도 미어캣 구조를 위한 사생결단의 노력이 계속되었지만 생각보다 피해는 컸다. 그동안 무리 내에 잠재되어 있던 갈등과 긴장이 폭발하기 시작했고 문제의 원인을 서로의 탓으로 돌리고 비난 대상을 찾기 시작했다. 무리 규모가 작아서 만족스럽게 운영되던 옛 시절을 그리워하면서 새로 들어온 미어캣들 때문에 문제가 발생했다는 비난의 화살도 날아들었다.

얼마 후 평정심을 회복한 나디아는 레나와 만나 언제부터 어떤 문제점 때문에 잘 나가던 조직에 심각한 위기가 발생했는지에 대해 이야기를 주고받으면서 지난 과거를 돌이켜보는 시간을 갖는다. 함께 꿈꾸었던 비전과 비전을 달성하려는 구성원들의 창의적인 열정, 시련과 역경을 극복해내고야 말겠다는 불굴의 의지와 낙관적인 태도로 조직의 위기를 슬기롭게 극복해온 미어캣 무리에 도대체 언제부터 문제가 생겨서 쇠망의 길로 접어들게 되었는지도 생각해보았다. 레나에게 과거에 융성했던 조직의 상태로 다시 재성장시킬 수 있다는 확신과 신념을 심어주고 나디아와 에이요는 다시 자신들의 고향으로 돌아가던 길에 나디아의 오빠인 니콜라스와 감격적인 상봉을 한다. 나디아는 그동안 떠돌이 생활을 하면서 깨달은 소중한 체험적 교훈을 오빠에게 이야기해주기 전에 고향의 미어캣 조직이 언제부터 문제가 심각해지기 시작했는지를 같이 논의했다.

결론적으로 기존 자원을 효율적으로 활용해서 주어진 문제를 개선하는 관리로는 새로운 문제와 위기에 대처할 수 없다는 점에 대해서는 의견을 같이했다. "같은 짓을 되풀이하면서 다른 결과를 기대하는 것은 정신착란이다." 미국의 작가, 리타 메이 브라운의 말이다.

위기 극복의 핵심, 리더십이 답이다

드디어 나디아는 몇몇 미어캣들의 부정적인 자세와 입장에도 불구하고 떠돌이 생활을 통해 터득한 체험적 노하우를 미어캣 무리 앞에서 설명할 기회를 갖게 된다. 자신이 마지막에 만난 미어캣 무리가 리더인 레나를 중심으로 급변하는 환경에 어떻게 대처하고, 함께 그리는 비전을 향해 구성원들이 어떻게 협력하고 열정을 발휘하면서 난국을 타개했는지, 그리고 다시 위기에 처하면서 조직이 쇠망하는 길로 접어들었는지를 벌레 농장과 먹이 공유 방안에 관한 혁신적인 조치들을 사례로 들어 설명했다. 새로운 제안에 대해 기존의 미어캣 무리들은 부정적인 생각과 의견을 이야기하면서 시작도 하기 전에 실패할 것이라는 반대와 저항의 입장을 표명하기도 했다. 하지만 이런 반대와 저항에도 굴하지 않고 나디아는 강력한 설득력으로 구성원들의 동참 의지와 의욕을 북돋우고 미래에 대한 강한 비전을 제시하면서 혁신적인 리더십을 발휘해나갔다. 반대의견을 제시하고 부정적인 의견을 표출했던 무리의 구성원들도 서서히 동참 의사와 변화 조치에 대한 긍정적인 반응을 보여주기 시작했다.

새로운 아이디어를 제시하고 이를 지지하는 그룹의 적극적인 지원과 함께 과감하게 적용하면서 배울 수 있는 기회를 준다는 것 자체가 혁신적인 조치였다. 예상치 못한 장애물과 걸림돌도 있었지만 자발적인 노력과 공동의 대처로 위기를 극복하고 새로운 조치를 현장에 접목하는 노하우도 배워나갔다. 리더 서클은 매주 소통하고 새로운 방향을 제시하며 격려하고 작은 성공을 축하해주며 변화 추진 의지와 의욕을 북돋아주었다. 기존의 방식을 조금 더 잘하는 수준에서 벗어나 완전히 새로운 아이디어를 현장에 접목시키기 위한 리더십도 실제로 일을 통해 배우면서 미어캣 무리에게도 엄청난 변화가 가시적으로 드러나기 시작했다. 무엇보다 자신이 하고 있는 일에서 의미와 목적을 찾아 일에 대한 몰입과 열정이 자발적으로 일어났다. 체험적 교훈을 기반으로 발휘되는 나디아의 강력한 리더십은 허무맹랑한 이상주의적 생각이 아니라 실제 온몸으로 터득한 실현 가능한 아이디어이자 확실한 변화 어젠다임을 많은 미어캣 무리들이 인식한 것이다. 쇠망의 길로 접어들었던 미어캣 무리에 새로운 희망과 가능성의 씨앗이 뿌려지고 나디아의 비전 제시형 러더십 덕분에 지속적으로 성장하고 발전하는 미어캣 조직으로 변화되어 갔다.

미어캣이 가르쳐준 변화관리의 6가지 교훈

변화의 필요성을 논리적으로 설명하는 변화관리 개론서가 있고, 변화가 왜 필요한지를 간접적으로 깨닫고 우회적으로 이해할 수 있도록 도와주는 변화관리 우화도 있다. 그런데 언제나 사유의 지평을 확산해줄 뿐만 아니라 깊이 있게 생각할 모티브를 제공해주는 건 변화관리 우화이다. 미어캣에게 배우는 6가지 변화관리 교훈을 정리해보았다.

첫째, 관리만 강조하면 관습의 늪에 빠지고 마침내 심각한 위기를 맞이한다. 관리는 가정으로 따지며 흔히 어머니가 하는 역할이다. 기존 자원을 효율적으로 배분하고 제한된 시간과 일정 안에 주어진 목표를 달성하기 위해 최적으로 해결 대안을 모색하고 활용하는 데 초점이 놓여 있다. 이에 반해 리더십은 아버지의 역할에 비유할 수 있다. 어머니가 주로 집안 내부에서 안정과 조화, 질서와 균형을 강조하는 데 반해 아버지는 밖에 나가서 변화와 혁신을 통해 지속적인 변신을 거듭하는 외부 지향적 리더십을 발휘한다. 환경이 비교적 안정적일 경우 급격한 변화나 예측불허의 변화가 일어나지 않기 때문에 관리능력만으로도 조직을 유지하고 발전시킬 수 있다. 하지만 생각하지도 못한 변화가 수시로 일어나고 지금까지의 방식으로는 난국을 돌파할 수 있는 대안이 모색되지 않을 때 관리력과 더불어 리더십이 더욱 필요해진다. 있는 것을 잘 하는Doing things right 관리자와 더불어 무엇이 올바른 것인지를 전략적으로 선정Doing the right things해서 과감하게 추진하는 리더가 존재하지 않을 때, 해당 조직은 생존 자체가 위협을 받으면서 심각한 위기에 빠질 수 있다. 니콜라스가 주도한 초기 미어캣 조직에 천적인 독수리가 나타나고, 혁신적으로 움직였던 레나가 이끄는 조직에 갑작스럽게 내린 비로 인해 미어캣의 안식처인 굴이 침식당하면서 불어 닥친 위기는 기존의 관리 역량만으로는 극복하기 어려운 과제가 아닐 수 없다.

둘째, 과거를 답습하면 미래엔 답이 없다. 관례에 없다는 이유로 새로운 제안을 거부하는 조직엔 희망이 없다. 이런 경우는 주로 리더들이 과거의 체험적 성공담에 젖어 지금 벌어지고 있는 사안의 긴급성과 사건의 본질을 올바르게 파악하지 못할 때 발생한다. 오늘날 기업이 직면한 최대의 경쟁상대는 동종업종이나 유사업종의 다른 기업이 아니라 어제의 성공체험이라고 한다. 사람은 한 번 성공해서 크게 성취감을 맛보고 나면 자꾸 그 향수에 머물러 당시의 즐거운 추억에 젖으려고 한다. 더욱 심각한 문제는 과거에 성공했던 환경과 상황과 지금이 현격하게 다름에도 불구하고 과거의 성공체험을 일반화시키려는 어리석음에서 벗어나지 못하는 데 있다. 역사학자 아놀드 토인비는 이런 현상을 휴브리스Hubris라는 전문용어를 써서 성공체험의 덫에 걸린 인간의 어리석음을 비판했다. 본래 휴브리스는 고전 그리스 윤리·종교 사상에서 질서 있는 세계 속에서 인간의 행동을 규제하고 있는 한계를 불손하게 무시하는 자만 또는 교만을 일컫는 말이었다. 휴브리스란 말은 이처럼 고대 그리스에서 쓰이던 말이었지만, 역사학자인 아놀드 토인비는 역사를 바꾸는 데 성공한 창조적 소수가 그 성공으로 인해 교만해져서 남의 말에 귀를 막고 독단적으로 행동하다 판단력을 잃게 되는 것을 가리키는 말로 썼다. 과거의 환경에서 성공했던 체험은 더 이상 일반화시킬 수 없다. 미국의 작가 마크 트웨인도 "모든 일반화는 오류다. 이렇게 말한 지금의 문장을 포함해서"라는 말을 남겼다. 지금까지 평온하게 살아온 미어캣 무리가 살아온 방식을 고수할수록 생각하지도 못한 위기가 발생할 때마다 조직은 심각한 위협에 노출될 수밖에 없다. 과거의 성공방정식엔 미래를 밝힐 지식이 없다.

셋째, "그건 우리가 하는 방식이 아니야"는 구성원의 사기를 사정없이 떨어뜨릴 수 있는 발언이다. 이 책 영어제목이기도 한 이 말은 두 가지 의미를 지니고 있다. 우선 색다른 아이디어나 건설적인 제안을 하면 그건 우리가 지금까지 해오던 방식과는 다르기 때문에 수용할 수 없다는 말이다. 이 말의 진의는 "하던 대로 해" "쓸 데 없는 생각이나 색다른 시도는 그만하고 시키는 일이나 잘해" "엉뚱한 생각은 그만하고 하던 일이나 잘해" "딴 짓 좀 그만하고 원래대로 해" "여기서는 색다른 도전은 금기사항이야" "잘된다는 보장 있어? 공연한 평지풍파 일으키지 마" 등이다. 에이요가 경비 방식에 대한 새로운 아이디어를 제안했을 때 니콜라스가 묵살하면서 했던 말이 이랬다. 다른 하나는 다양한 의견이 교환되면서 즐거운 회의를 하는 와중에 누군가 그건 안 된다고 부정적인 의견을 표출하거나 반대 의견을 호통을 치면서 피력할 때, 그건 우리가 해오던 방식이 아니라고 말하는 것이다. 이때는 어느 누구도 누군가의 의견에 명령하거나 지시할 수 없으며 해보지도 않고 안 된다는 부정적인 의견으로 비난의 화살을 날려서는 안 된다는 의미다. 혁신을 방해하거나 부정적인 감정을 표출하는 발언에 대한 경고의 메시지를 담고 있다.

넷째, 전대미문의 위기는 기존 방식으로 대응할 수 없다. 독수리가 나타나 미어캣을 공격하는 사고나 소나기가 와서 굴이 매몰된 사건은 미어캣 조직에서 처음 당해보는 심각한 위협이자 쉽게 대응할 수 없는 위기였다. 사람은 정상적인 상황에서는 정상적인 방법으로 생각하고 행동한다. 평소에 경험해보지 못한 위기나 문제가 발생할 때 정상적인 방법으로 해결할 수 없다는 판단이 드는 순간, 평소와는 다른 방식으로 위기를 극복하고 문제를 해결하는 비정상적인 조치를 취한다. 생각하지도 못한 일이 발생하거나 생각하지도 못한 방식으로 일을 저질렀을 때 일어난다. 노련한 뱃사공도 평온한 바다에서 탄생되지 않고 높은 파도가 시도 때도 없이 몰아치는 시계 제로의 상황에서 탄생된다. 마찬가지로 진정한 리더도 평온한 조직에서 나오지 않고 이제껏 경험해보지 못한 금시초문의 위기가 발생했을 때 조직을 위기 상황에서 구출하고 지속가능한 조직으로 성장시키는 과정에서 나온다. 입사 초기에는 매너manner 있게 행동하면서 나름 긴장감을 갖고 지내다가 점차 시간이 지나면서 매너리즘mannerism에 빠진다. 매너리즘에 빠질수록 매뉴얼manual을 참고하며 새로운 사고방식으로 리뉴얼renewal하지 않는다. 규율과 규칙, 절차와 프로세스, 제도와 시스템을 강조할수록 생각하지도 못한 위기가 발생했을 때 신속하고 적절하게 대응할 수 있는 능력이 부족해진다. 극심한 혼란과 심각한 위기가 출몰할수록 절망적인 상황에서도 희망의 끈을 놓지 않고 함께 만들어가는 조직에 열정적으로 몰입할 수 있게 만드는 힘은 리더십에 달려 있다. 특히 조직이 난국에 빠져 위협에 노출되어 있을수록 위기감을 조성하고 강력한 비전 중심의 결속력을 창출할 수 있는 비전 제시형 리더가 필요하다.

다섯째, 성장을 멈추지 않고 지속적으로 발전하는 조직은 그렇지 않은 조직에 비해 뭔가 달라도 다르다. 한마디로 활기 넘치는 조직의 리더는 팀원들의 다양한 의견과 아이디어를 과감하게 실행할 수 있도록 적극적으로 지원해주고 고무해준다. 비난과 질책보다 칭찬과 격려, 단점을 드러내고 야단을 치고 호통을 치기보다 장점으로 자신감을 가질 수 있도록 소통하고 강한 신뢰를 보여준다. 지지와 격려, 지원과 후원, 관심과 배려, 과감한 시도와 도전에 대한 적극적인 응원을 통해 정체될 수 있는 조직에 활력을 불어넣는다. 무엇보다도 색다른 도전 과정에서 일어날 수 있는 실패에 대한 용인과 따뜻한 관심으로 사기를 잃지 않도록 도와준다. 경비에 관한 색다른 아이디어를 내는 순간 니콜라스에 의해 묵살당한 에이요는 나디아와 함께 기존 조직을 떠나는 결단을 내리게 만들지 않았던가. 이에 비해 떠돌이 생활을 하면서 만난 레나의 혁신적인 리더십은 그동안 어디에서도 볼 수 없었던 창의적인 조직 운영을 가능케 만드는 원동력이었다. 레나가 이끌어가는 미어캣 조직에서는 그 누구도 지위나 권위를 이용하여 상대방의 의견을 일방적으로 묵살하거나 부정적인 의견을 표출할 수 없다. 물론 정당한 이유를 갖고 공식적인 절차에 따라 사안의 문제점과 한계점을 비판적으로 분석하는 건설적인 의견은 얼마든지 가능하다. 문제가 되는 의견은 자신이 직급이 높다는 이유나 연륜과 경험이 풍부하다는 이유로 과거 자신의 경력에 비추어볼 때 안 될 거 같다고 하거나 해보기도 전에 잘될 거 같다는 증거를 대라는 억지 주장이다. 떠돌이 생활을 통해 몸소 배운 나디아는 다시 고향으로 돌아와 정체된 미어캣 무리들을 변화시키는 혁신적인 노력과 함께 꿈꾸는 비전을 제시했고, 구성원들의 자발적인 참여와 몰입, 끈끈한 동료애와 따뜻한 배려로 강인한 팀워크가 발휘되도록 이끌었다.

여섯째, 밖으로 나가봐야 낯선 깨우침을 얻을 수 있다. 기존의 조직 운영 방식에 회의를 느낀 나디아와 에이요는 결국 여러 조직을 떠돌아다니며 번성하는 조직이 되려면 어떻게 해야 되는지를 몸소 깨닫고 다시 고향 조직으로 돌아와 변화 추진 노하우를 전파하고 보급한다. 여기를 떠나야 저기를 만날 수 있다. 사람이 세상을 바라보는 주관적 인식틀은 동물들에게도 마찬가지다. 동물의 입장에서 바라보는 세상을 연구한 사람이 바로 독일의 동물행동학자 야곱 폰 웩스쿨이다. 그가 쓴 《동물과 인간 세계로의 산책》을 보면 '벨트welt'와 '움벨트Umwelt'라는 개념이 나온다. '벨트'는 객관적으로 실재하는 세계를 지칭하고 '움벨트'는 동물들이 주관적으로 인식하는 세계를 의미한다. 모든 생명체는 특정 벨트에서 살아가지만 저마다 세상을 인식하는 방식은 움벨트에 따라 다르다. 즉 지상에 존재하는 모든 생명체는 객관적 실제 세계에 살아가지만 그것을 인식하는 자신만의 감각 세계인 움벨트가 달라서 그 인식의 틀 안에서 저마다 다른 세계를 만들어간다. 지구라는 동일한 환경에서 사람과 생물이 함께 살아가지만 각각의 생물이 살아가는 주관적 세계인 움벨트는 매우 다르다. 움벨트는 생명체마다 동일하게 인식하는 경험 세계가 아니라 개개의 생물에게 고유한 구체적 경험이다. 평생 동안 한 우물을 벗어나 살아보지 않은 곤충은 거기가 세상의 전부라고 생각한다. 내 삶의 공간을 넘어 다른 세계로 가보지 않은 이상 지금 여기가 전부라고 생각하는 것이다. 진정한 변화의 필요성도 다른 세계를 경험해보지 않는 이상 전혀 느낄 수도 없다. 지금 여기가 천국이라고 생각할 수도 있기 때문이다.

  궁즉변窮則變, 변즉통變則通, 통즉구通則久. 궁하면窮 변하고變, 변
하면 통하고通, 통通하면 오래 간다久. 주역周易의 계사전繫辭傳에
나오는 변화 철학이다. 여기에 나오는 변화 단계를 다시 네 단
계로 나누어서 설명하면 변화가 어떤 과정을 통해서 선순환되
는지 알 수 있다. 첫째, '궁窮'은 더 이상 견딜 수 없는 극에 이른
상태다. 물극필반物極必反이라는 말과 일맥상통하는 단계다. "사
물의 전개가 극에 달하면 반드시 반전한다"는 뜻으로, 흥망성
쇠興亡盛衰는 반복하는 것이므로 어떤 일을 할 때 지나치게 욕심
을 부려서는 안 된다는 의미다. 극한의 궁窮 상태에 이르면 이
전에 경험할 수 없는 극적 변화가 일어나기 시작한다. 미어캣
무리가 이전에 경험할 수 없었던 극한의 위기에 직면하자 색다
른 변화 추진 방안을 모색하기 시작한 것과 같은 맥락이다. 둘
째, 서서히 '변화變化'가 일어나 오리무중이었던 난국에서 서서
히 벗어날 단서가 포착되고 해결 대안도 드러나는 단계다. 막
혔던 소통의 물꼬가 트이고 극한 대치 국면이었던 갈등과 긴장
국면에 화해 모드가 일어나기 시작한다. 전대미문의 위기 상황
에 휩싸였던 미어캣 무리에게도 다시 일상의 안정과 조화가 찾

아오는 변화가 시작된다. 셋째는 '통通'의 단계로 변화가 무르익어 정점에 이르는 단계다. 한마디로 대치 국면에 있던 이질적 집단 간의 의사소통이 빈번해지고 설상가상이었던 복잡한 문제도 풀리면서 세상이 화평해지는 단계다. 독수리 떼가 공격하고 소나기가 몰아쳤던 미어캣 무리에 고심 끝에 마련한 대비책이 빛을 발하면서 다시 번성하는 새봄이 오기 시작하는 단계다. 마지막으로 '구久'의 단계는 비교적 오랫동안 안정과 질서가 유지되는 단계다. 심각한 위기 상황은 온데간데없고 아무런 문제가 없었던 조직처럼 평화롭고 안정적인 조직 운영이 지속된다. 겉으로 보기에는 평화롭고 안정적인 조직처럼 보이지만 사실은 심각한 위기를 내포한 상태다. 위기가 없는 조직이야말로 가장 심각한 위기이기 때문이다. 때가 되면 조직은 다시 극심한 혼란과 소용돌이치는 궁의 결핍 상태가 되면서 다시 한번 극심한 변화가 반복될 것이다.

'주역'이 지향하는 변화관은 영원한 미완성이다. 완성되었다고 자만하는 순간 돌이킬 수 없는 위기가 몰려온다. 바닥을 치면 올라가고 정상에 서면 내려와야 된다. 바닥에 있다고 절망하지 말고 올라갔다고 자만하지 말자는 의미다. 변화는 언제나 궁窮에서 시작해서 구久에서 끝나는 게 아니라 시작이 곧 끝이고 끝이 다시 시작하는 출발점일 뿐이다. 변화는 무시무종無始無終일 뿐이다. 시작과 끝이 따로 없다. 한없이 순환할 뿐이다. 혼돈이 질서를 낳고 불안감에서 편안함이 나온다. 극도의 위기가 기회를 낳고 견딜 수 없는 절망이 희망의 불꽃을 피워낸다. 어두우면 밝음이 올 것이고 막히면 뚫릴 것이며 음지는 양지로 바뀔 것이다. 부단한 흐름 속에서 어제와 다른 모습으로 변신을 거듭할 뿐이다.